縄文化が日本人の未来を拓く

小林達雄
國學院大學名誉教授

徳間書店
Tokuma Shoten

はじめに

日本文化は、今も世界的に注目されています。それは注目する個性を持っているからです。ほかのどの文化にもない特殊で独自のものがあるのです。それはなぜかと言ったら、欧米や大陸の国々の歴史の中にはない歴史を持っているからです。

それは縄文時代という、1万年以上にわたる自然と共存共生した歴史です。

新石器革命で農耕とともに定住するようになった大陸側の人々は、自然と共生しないで自然を征服しようとしてきました。人工的なムラの外側には人工的な機能を持つ耕作地（ノラ）があり、ムラの周りの自然は、開墾すべき対象だったのです。一方の縄文は、「狩猟、漁労、採集」によって定住を果たしていたため、ムラの周りに自然（ハラ）を温存してきました。自然の秩序を保ちながら、自然の恵みをそのまま利用するという作戦を実践しつづけてきたわけです。それが1000年、2000年ではなくて1万年以上続くのです。

そういう歴史を欧米や大陸は持っていません。歴史の流れの先っぽにそれがないのです。

日本文化は、縄文で1万年以上経験したものを持っている。それが今につながっています。縄文の文化的遺伝子というものを受け継いでいると思うのです。

リチャード・ドーキンスが『利己的な遺伝子』で、生物としての人間はDNAによって継承されているという見方を発表して世界的ベストセラーになりましたが、そこでもう1つ面白いことを言っています。文化も遺伝する、その文化的遺伝子をミームと言うと。しかし、そのときはミームがどういうものか、説明できませんでした。

私も縄文から続く文化的遺伝子というのは何だろう何だろうと思っていましたが、あるとき、ぱっとひらめいて、それは言葉だと思いついたのです。

縄文の1万年というのは長い時だけが過ぎたのではなくて、そのときに文化的遺伝子というものがいっぱい生まれていて、その中のいくつかが大和《やまと》言葉を介して現代にまでつながってきているのです。

われわれが子どものときに学校で習った「人類は自然を克服しながら、文化を築いてきた」というのは、農耕文化で自然を征服しようとする関係になってからの話です。

日本文化の原点には本来そういう考えはありません。その方針に乗りだすのは弥生《やよい》時代以降です。日本列島で農耕が始まるまでの1万年以上の縄文時代は、そのほかの文明先進国がどこも体験することができなかった自然との共生を体験してきているのです。ですから、日本的観念、日本的姿勢というのは、もともと他の国とは基盤が違うのです。ヨーロッパ的な姿勢とか考え方とか、そういうものとはもともと違うのです。

最後に、みなさんはご存じないかもしれませんが、実はつい最近まで、小学校の教科書から旧石器時代と縄文時代が抹消されていました。縄文時代は年表にもほとんど取り上げられていない。だから、日本の歴史は弥生時代から始まることになる。言葉を換えれば、日本の歴史は外来文化から始まることになってしまう。

本当にひどい話です。1万年以上にわたり自然と共存共生して生まれた、縄文時代の文化的遺伝子が現代にまで続いているということを学ぶことを忘れてはいけません。とても大事なことです。

本書で少しでも、日本の歴史や文化の原点の面白さに触れていただけたら、幸いです。

目次

第3章　日本人の心に息づく縄文大和言葉　125

第4章　現代より豊かな縄文の狩猟採集生活　153

装幀　上田晃郷、上田舞乃

プロローグ
世界に先駆け定住を果たした縄文

人類の登場から「新石器革命」へ

広大無辺の宇宙に、地球がその姿を現したのは46億年前。そこに38億年前、生命体が誕生するや、次々と多様な種を生み出し、それぞれが時の流れに乗って独自の進化の道を歩み始めました。さまざまな生物の栄枯盛衰が繰り広げられ、その間隙《かんげき》を縫ってヒトが登場します。６００万年前の記念すべき大事件です。

ヒトは類人猿の仲間から分離独立して、二足歩行をしながら目覚ましいヒト固有の道を拓《ひら》いていきます。歩行から解放された両の手は、活発な動きを展開し、とりわけ手先の指は脳の指令に応《こた》えて努力目覚ましく、道具作りの技術を促しました。かくして猿人段階から原人、そして旧人（ネアンデルタール人に代表される絶滅した人類）へと進化しながら、ついに20万年前には現代に生きるわれわれ新人（クロマニヨン人に代表される現生人類に続く人類）が世界に登場しました。その間、脳の容量は増大し、豊かなイメージを心中に育《はぐく》みつつ、ほかの生物とは明瞭《めいりょう》に区別される、考えるヒトとしての主体性を確立したのです。

つまり人類史の第一段階である「旧石器文化」です。このときは自然の中で動物と同じように食料を求めて遊動的な生活をしていました。

その後いろいろな技術的な内容も変化を見せて、やがてヨーロッパでは、農耕・牧畜の開始により長い旧石器時代の歴史と一線を画して、そして新しい時代へと突入するわけです。これが人類史の第二段階である「新石器革命」です。

その歴史的意義を見事に指摘したイギリスの考古学者、ゴードン・チャイルドによると、この新石器革命は、紀元前1万年から紀元前8000年頃（今から1万2000〜1万年前）にシュメール（メソポタミア）で始まりました。これとは別に紀元前9500年から紀元前7000年頃にインドやペルーでも始まりました。その後、紀元前6000年頃にエジプト、紀元前5000年頃に中国、紀元前2700年頃にメソアメリカ（マヤ、アステカなど）でも開始されました。

これが、これまで教科書に書かれ、多くの人が習ってきた歴史です。

日本では1万5000年前に定住が始まった

では日本列島では、どうだったのか。

日本列島を舞台とする人類の歴史は、少なくとも3万年以上前の旧石器文化まで遡《さかのぼ》ることができます。ちょうど氷河時代が終息に向かいつつあり、群をなしていたマンモスゾウやナウマンゾウ、オオツノジカ、バイソンなどの大形動物が、絶滅への道に歩を速めていた時代です。

そして約1万5000年前、最初にして、最大級の歴史的画期が日本列島に訪れました。それまで絶えて見ることのなかった土器の製作、使用が始まったのです。

土器の製作は、まずは①適当な粘土を見つけ出し、②精選して素地を整え、③加える水を調節しながらこねて、④ねかす。

次いで、⑤ひとかたまりの素地で底部を作って器壁を立ち上げて、全体を成形する。そして⑥器面にデザイン（文様）を施し、⑦十分に乾燥。⑧燃料の薪《たきぎ》を集めて着火し、⑨焼き上げる。

――これらの作業に要する時日と労力は並大抵のものではありません。さらに、土器製作の全工程は、1カ所に腰を据えて行うものです。離れた地点の粘土や薪も作業する場所に運びこむ必要があるからです。この事実は極めて重要で、遊動的な生活では決してなし得るものではありません。つまり、定住的なムラの生活において、初めて土器製作は成り立つわけです。

日本列島が1万5000年前に土器を保有した歴史の一コマは、まさに遊動的生活とは一線を画した定住的なムラの営みの証《あかし》であり、ヒトの歴史が第一段階から第二段階へと進んだ新しい幕開けを告げるものです。まさに「縄文革命」といえるものです。

縄文文化は新石器文化に勝るとも劣ってはいない

しかしながら、縄文の場合は、年代もヨーロッパや中国などの大陸側とほぼ並ぶ（土器の場合は縄文のほうが早い）のですが、非常に大きな違いがあります。それは、大陸側における第一段階から第二段階への発展は農耕を基盤とする新石器革命であり、農耕革命と呼ばれるのに対し、縄文文化は農耕とは、無縁でした。

これまで、この農耕が何よりも重視され、人類史の本道へ進む原動力と見做《みな》されてきたため、農耕の力を頼みとせず、「狩猟、漁労、採集」を生業《なりわい》の三本柱とする縄文文化は、

人類の歴史(日本)と縄文時代

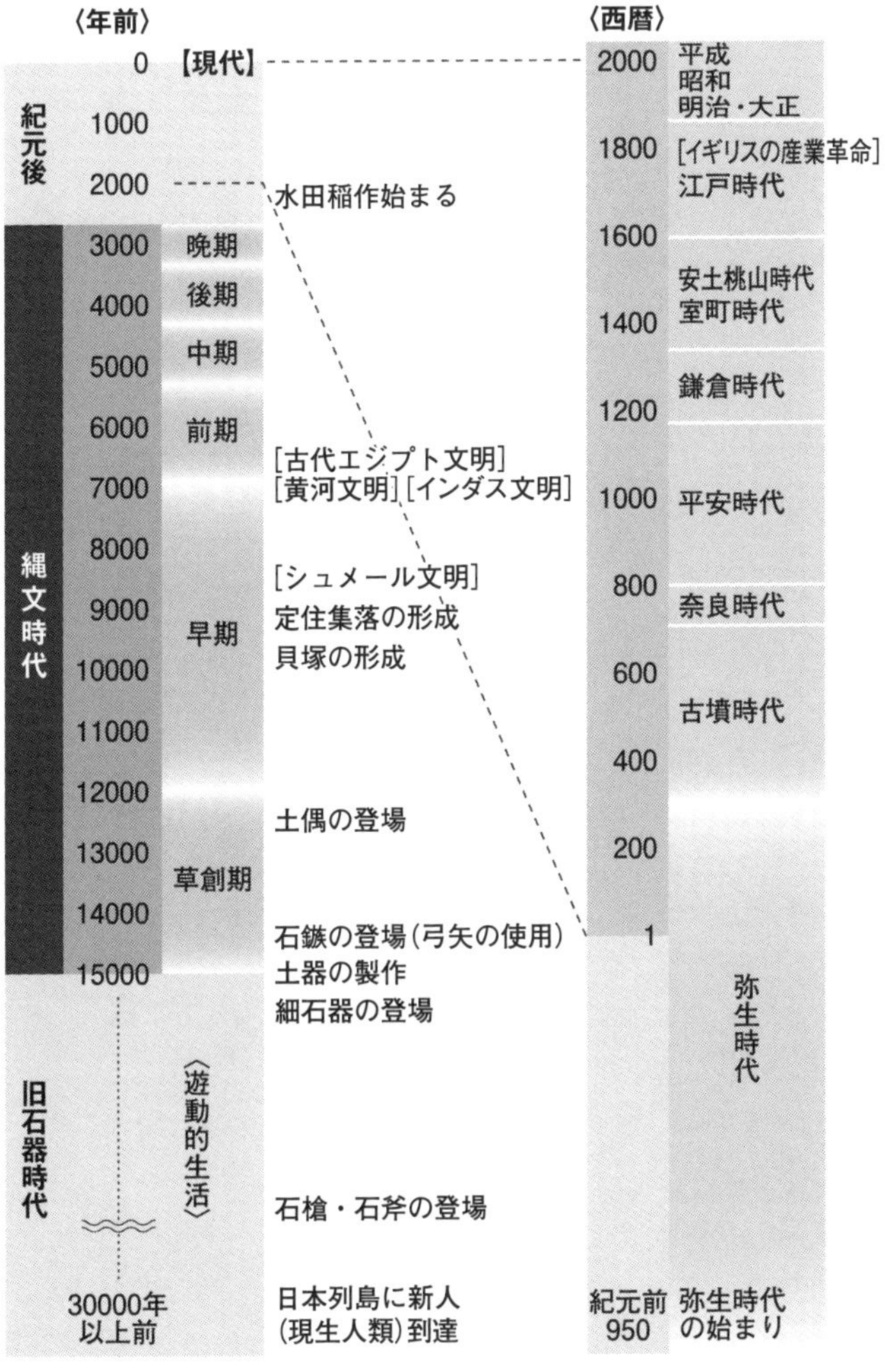

大陸の本場の新石器文化に比べて、大きな欠点を抱えた不完全なもの、あるいは新石器文化に劣るもの、つまり似非《えせ》新石器文化と評価されがちでした。

それは西欧の研究者だけでなく、残念ながら日本の研究者の多くもそのように理解していました。しかし、それは見当違いというものです。

人類の歴史で重要なのは、第一段階の遊動的生活から第二段階の定住的な生活への変革です。その意味するところはこの後本書で詳しく述べますが、農耕だけが、定住を可能にしたのではありません。縄文時代の三本柱の生業もまた、定住を実現し、飛躍的にその文化を高めることに成功したのです。

日本列島の縄文人の歴史の幕開け

縄文定住革命は、「狩猟、漁労、採集」という縄文の三本柱によって達成されます。その過程は次のようなものです。

まず、縄文人はその活動拠点を自然界の中に見つけだし、それなりの広さを確保し、ムラを定めます。自然に対する初めての明瞭《めいりょう》な干渉の第一歩です。自然に組み込まれていた状況から自ら離脱を図り、正真正銘の独り立ちを果たしたのです。縄文人による、縄文

〈2万5000〜1万5000年前〉

最終氷河期の頃は、日本は大陸と地続きだった。

〈6000〜5000年前〉

氷河期が終わり、海面が上昇し日本列島はほぼ現在の状態になった。

人のための、日本列島を舞台とする縄文人の歴史の幕開けです。

縄文人が判断して、ここぞと決めたムラ空間はたちまち縄文人の手によって整備され、必要な施設が造られていきました。

まずは寝起きするイエ（竪穴住居《たてあな》）をはじめ、食料を貯蔵するための穴や小屋、共同作業やオマツリをする広場、そしてゴミ捨て場、共同墓地まで。それらはいずれも自然界にはないものであり、すべてが縄文人の手によって造られた人工物です。つまり、ムラは、縄文人が手ずから生み出したモノであふれ返り、すっかり人工的色彩や景観に塗り変えられ、自然界には絶えて見ることのなかった、新空間へと一変します。

それゆえ、縄文人は誰しも、ムラに生まれ、育ち、年老いてゆくにつれ、人類の第一段階で、自然の中でともに生きた動物たちとは全く境遇が違ってきたことに気付かされ、あらためてわれわれはもはや動物ではない、という人間意識がかき立てられる契機を得たのではないでしょうか。

縄文ムラは、自然のままのハラとともにあった

縄文時代以前の旧石器時代においては、すべての行動は自然界の中で展開されるもので

した。しかし、新しい縄文時代において、新しいムラ空間が形成され、それまで経験することのなかった行動の舞台が新たに加わりました。つまり、新しいムラ空間は、自然界での行動とは別の、ムラ空間ならではの行動の舞台となったのです。

とりわけ、ムラ空間が確保されたことで初めて出現した行動に注目すべきでしょう。それが、ムラ空間で繰り広げられる行動の社会性です。縄文社会は、そうした行動の反復や積み重なりで、縄文の社会形態が形成されることとなり、発達が促されたとみることができます。

また、ムラは単なる行動の舞台ではなく、個人的情報が集積し、蓄積され集団全員に共有される文化情報センターとしての意味を持ち、縄文文化の充実に資する重要な根拠地となりました。つまり、縄文ムラは具体的な生業活動や日常生活の場であるとともに、縄文社会および縄文文化の形成と発展の拠点としての歴史的意義を担ったわけです。

人工的空間としてのムラの外側には、自然的空間としてのハラ（原っぱのハラ）があります。このムラとハラは極めて対照的な性格を示しています。ムラが縄文人の社会的、文化的行動や生活の舞台であるのとは対照的に、ハラは縄文人の活動を支える食料庫であり、エネルギーの供給源でした。また、縄文人が必要とする道具の資材庫でもありました。いわば、ムラを根拠とする縄文人は、ハラが保有する自然資源を利用させていただく関係によって縄文人自身の存立が保障されていたわけです。

ムラとムラの外側に広がるハラとの1万年を超える関係の維持こそが、縄文の主体性確立に大きく作用しました。つまり、縄文人の行動全体は、ムラだけでなく、ハラとの2つの場面の総合なのです。

具体的には、ムラとハラに縄文人の全時間は大きく二分され、縄文人の全行動はムラとハラに大きく区分されるに至ったのです。

このようなムラにおける行動の種類と費やされる時間の配分は縄文に特有なものであり、その頃の大陸側の農耕ムラにはありません。

そもそも、新石器時代の大陸の農耕ムラは、その周囲にハラ（自然的空間）を持ちませんでした。というよりは、むしろハラを否定する論理を貫く姿勢を取るものでした。

大陸側の農耕ムラにとっては、自然との共存共生を続ける自然そのままのハラ空間は、その存在自体を許さず、征服すべき空間と見做されていたのです。農耕ムラの人々にとって、ハラとは、よってたかって開墾してノラ（野良。田や畑）に変換すべき対象だったのです。

農耕ムラのやり方は、現代につながるものです。

一方の縄文時代の自然との共存共生関係は今では失われてきていますが、それがいかに日本人の源泉となる縄文人特有の文化を生みだしてきたか、これから見ていきましょう。

第1章

1万年以上の自然との共存共生で芽生える縄文文化

（1）「もはや動物ではない」定住で生まれた人間としての意識

定住は、人類が初めて自然に挑戦した出来事

旧石器時代の遊動的な生活をしていたときは、人も自然的秩序の中の一員であり、その要素でした。つまり、分かりやすく言えば、シカやイノシシなどと同格です。第二段階の定住的な生活というのは、その自然の秩序から分離独立して、二本足で今度は縄文人独自の足取りで歩むようになったわけです。

つまり、人類の第二段階というのは自然的な秩序から分離独立して、人間としての新しい歩みを始めたというところに重要な意味があります。

自然の法則の中に生きた段階から、自然の法則の中に生きながらも、しかし自らの意思によって全く新しい生き方を展開するわけです。これは人類共通の進歩といえますが、地域や時代によってさまざまな様相を示します。それぞれの文化には普遍性、あるいは特殊性というものを見ることができます。

さらに自然の秩序から分離独立するときに、ものすごいことをしでかします。つまり、自然の一角を切り取って自分たち特有のスペースを、ムラの空間として確保します。まさに、人類が自然に対して挑戦を仕掛けた、そんなシンボル的な重大な出来事です。

シカやイノシシは、そのままずっと自然の仕組みの中に生き続けます。人間だけが分離独立して、しかも堂々と自然の一角を自分のものにしていくわけです。

そして、自分たちの生活の便を図るため、つまりムラ生活を営むのに必要なさまざまな施設をその中に設けていきます。

その基本は、縄文文化の場合は竪穴住居でした。そのほか食べ物を貯蔵する貯蔵穴や倉庫、不要なものを捨てるゴミ捨て場などを造り、そういうムラを設計していきます。自分たちが確保したムラ空間の中に、自分の意思によるスペースデザインを実践していくわけです。

定住で老人の立場が変わり、文化が蓄積されるようになった

人類が定住を始める中で、縄文人は、世界に冠たる自然とのいい関係を結んでいました。定住生活を始めると、ムラをつくります。ムラというのは、自然の一角を切り取ってつ

くる。その中に竪穴住居、倉庫、墓場と、何から何まで全部、生活に必要な施設を造り、その分、自然を排除するわけです。

定住的なムラを営むと、その中が人工的な風景になるのは、世界中共通しています。ところが、縄文の場合は、ムラの外は自然のままのハラ（原っぱのハラ）です。ハラは、食べ物を手に入れる場所であり、生活に必要な道具を作る材料を提供してくれる場所であるわけです。

定住する前は、木の実など食べ物を見つけては口に入れていました。ところが、定住的なムラを営むようになり、それから土器を作るようになると、取ったものはそのまま口に入れることなく袋や籠《かご》に入れてムラへ持ち帰るようになる。そうすると、ムラ全体では食べ物を手に入れるときの効率がすごくよくなります。

また、特に食べ物を取りに行くのは働き盛りの若夫婦の仕事です。定住以前では、老人も子どもも一緒に頻繁に動き回っていたため、効率がはなはだ悪く、時には老人は途中で落伍していくしかありませんでした。

定住してムラの生活に入ると、老人はイエにいるようになり、天寿を全うできるようになりました。と同時に、老人がイエで子どものお守りができるようになる。躾《しつけ》から文化的な情報、いろいろな知識を孫に教えることができるようになる。これによって縄文文化が充実していきます。

人類は６００万年の歴史がありますが、旧石器時代までは、文化レベルというのはほとんど横ばいです。１万５０００年ぐらい前の縄文文化になってから、あるいは他の地域でも定住的な生活をするようになってから、文化は右肩上がりに発展していきます。

老人が孫を可愛《かわい》がるから文化は伝達されるのです。それによってムラが文化センターになっていきます。

縄文人は自然の秩序を保ちながら、自然の恵みをそのまま利用した

そして縄文人はムラという場所から、ハラからヤマ、そしてソラを定点観測するようになります。

例えば、ゼンマイとワラビとは同じようなものですが、ゼンマイは日陰を好み、ワラビは日向を好む。ところが、定住以前の生活はしょっちゅう動き回って移動しているから、そうした植物の違いが情報として蓄積されません。定住するようになって、ハラの中でゼンマイやワラビがあった場所の情報が頭に体系的に入ってくるようになる。また、いつ頃になれば、芽が出るといった季節とのつながりまで頭に整理されるようになります。

さらに、ハラの中でそれらのことを情報として記憶するためには、全部を言葉で名づけしていかないといけません。これはワラビだ、これはゼンマイだと名づけして覚えていく。それらを情報として蓄えることで食料事情が充実、発展していくわけです。

これが縄文のムラの生活とハラの生活との関係なのです。この関係が1万年以上続きます。自然の秩序を保ちながら、自然の恵みをそのまま利用するという作戦を実践し続けてきたわけです。

自然との共生体験は大陸側にはない

ところが、定住とともに農耕文化を持った大陸側の人々にとっては、ムラの外がハラではありませんでした。野良仕事のノラでした。ノラというのは、人工的なムラの外にあるのですが、やはり人工的な機能を持った耕作地のことです。

ノラは開墾の対象であって、縄文のハラのように自然のままに利用する対象とはならない。つまり、われわれが子どものときに学校で習った「人類は自然を克服しながら、文化を築いてきた」というのは、ムラとノラの関係になってからです。

日本文化の原点には本来そういう考えはない。それをやりだすのは水田というノラをつくる弥生時代以降です。日本列島で農耕、水田稲作が始まるまでの1万年以上の間は、その他の文明先進国がどこも体験することができなかった自然との共生を体験してきているのです。

縄文は、自然を利用しながら、これは食べられる、これは食べられないという情報の蓄積をどんどん増やしていって、食料事情を安定させていきます。私はそれを「縄文姿勢方針」と呼んでいます。「縄文姿勢方針」というのは、自然界の多種多様なものを利用することによって、生活の安定を確保するものです（詳しくは第4章参照）。

一方の農耕というのは、ごく少数の限られた栽培作物に手間ひまをすべて投入して、増収を図って、そして安定しようとする。このやり方が、現代の経済までずっと続いているわけです。

ですから、日本的観念、日本的姿勢というのは、もともとほかの国とは基盤が違うのです。西洋の人には悪いけれども、ヨーロッパ的な姿勢とか考え方とは違う、もちろん中国大陸のものとはもともと違うのです。

縄文の住まい、竪穴住居には技術と労力が詰まっている

竪穴住居については、これまでわれわれ考古学者は、竪穴住居の規模だとか、床面の形が丸いとか四角いとか楕円形《だえんけい》であるとか、あるいは柱がどういう配置であるとかいったことを主に研究してきました。しかし、竪穴住居をもうちょっと大きな目で見てみると、竪穴住居というものは大変な技術による総合的な成果であることが分かります。

まず、必要とする一定の範囲の地面を掘り下げていきます。もちろんスコップ（鉄の道具など）のない時代ですから、木の棒でつついて土をほぐして、それをかき出します。それを20～30センチ程度ではなく、50～60センチというような深さまで掘り下げる。あるときの北海道（函館市大船遺跡）では、2メートルを超えるような深さの竪穴を掘ったりしています。

これは大変な技術と労働力が必要ですし、時間もかか

大船遺跡　2メートル以上掘り込んだ竪穴住居
（函館市教育委員会）

ります。それだけではありません。柱を立てるには、そのための木を選び、石斧《せきふ》などを使って伐《き》り出して、そして運んで来る。さらに壁を巡らせ、屋根を掛けます。そこにはいろいろな種類の材料が活用、利用されています。

そういうふうに見ていくと、竪穴住居1軒を造るということは、どれだけの時間と労力をそこに投入したのかということがよく理解できます。決して無視できることではありません。

家族と仲間意識の芽生え

その竪穴住居には、どうも核家族単位で住んでいたようです。もちろんそこにはまだお嫁に行かない姉妹もいたかもしれませんけれど、両親と子ども、プラスαというような家族が、1つの単位だろうというふうに思います。

なぜなら、竪穴住居の大きさは大小はさまざまですが、構造は全く一緒なのです。全く一緒の構造を持つ住居に別々の単位のものが住み分けているとは、なかなか考えづらいものです。最も共通する単位は何かといえば、血縁を中心とした1つの単位。思い切って言い切ってしまえば核家族のようなものです。

しかもそれは壁で囲まれているので、そこから家族としての意識というようなものが、いや応なしに芽生えてくる条件が整っています。

一方、そういう家族が自分たちの家を建てるには、1つの家族の働き盛りの人だけの力ではどうにも実現しにくい。そうなると、ほかの家族の手助けが必要です。

もちろんそれ以前の遊動生活を送ってきたときも、狩りのときやほかの場面でも共同でいろいろな作業をやってきたでしょうが、あらためて、前述のように非常に複雑な手順や技術要素で構築されている竪穴住居を、ほかの家族の働き手の力を借りて一緒に造っていくという関係が築かれた。その代わり、自分たちが造ってもらったお礼に、またほかの仲間が家を建てるときには手伝いにいく。

こうやって、縄文社会的な仕組みとつながりというようなものは芽生えていったのでしょう。竪穴住居からは、そういうことも読み取れます。

「もはや動物ではない」という人間としての意識

ムラの中には竪穴住居のほかに、前述したようにいろいろな日常的な生活を送るのに必要な、あるいは生活を便利にする施設というものが設けられていきます。そうなると、ムラの中は、そこを取り巻く外の空間と、がらりと変わった様相をどんどんどんどん強めていきます。ムラと、それからムラの外に広がるハラ（原っぱのハラ、自然）との差異が際立ってきます。

そしてそのムラに生まれてムラで生きて、そのムラで死んでいく。そういう経験を積み重ねながら、人々は「もう、自分たちはムラの外にいる動物たちとは違うんだ」という、人間としての「もはや動物ではない」という意識を持ち始めた重要なきっかけを、そのムラがもたらしたのです。

これは人間の歴史にとって、とても重要なことです。

(2) 記念物（モニュメント）の始まり：山の取り込み

「もはや動物ではない」という、この見方というのはどんどんどんどん自分たちの生活環境を独自の色に塗り替えていきながら、強まっていきます。その中で、奇妙なことを始めます。それが、記念物（モニュメント）の構築です。

あれこれ見てみても、どう思いを巡らしても、日常的な生活とは、なかなか直接的なつながりが見えてこない、そういう変てこりんなものがムラの中に設けられるようになりました。その最初は、定住集落を形成しはじめる約9000~7000年前の縄文時代の早期です（19ページの年表参照）。

九州でも、信州でも典型的なそういう例があります。それも、1人で持ち運びするのにはちょっと苦労するような大きな石がムラの中にあるのです。両手で持ち上げるのも大変ですから、それを運ぶということになると、さらに厄介です。

そういう大きな石をムラの中に持ち込んで、長方形に並べたりしているのです。何のためか分からないけれども、ぎっくり腰になりそうな、そういう石を持ち運び、そして並べている。

それが定住が安定してきた縄文早期から始まっています。そして約7000~5500年前の縄文前期になるとあちらこちらで、細長い石を立てて並べました。長野県大町《おおまち》市の上原《わっぱら》遺跡などでは石をたくさん大量に持ち込んで、それを広場とおぼしきスペースに敷き詰めています。また長野県原《はら》村の阿久《あきゅう》遺跡では、到底1人や2人では動かすことのできないような石を、立てて並べた環状集石群があります。

山を目指して並ぶ石

長野県立歴史館（長野県千曲市《ちくま》）にはその阿久遺跡の復元ジオラマがあります。私はちょっと不満なのですが、石を立てた石廊下がただ復元されているだけなのです。実はこの石廊下の跡を現地で観察すると、その並んだ石の延長線上に蓼科山《たてしなやま》（八ヶ岳《やつがたけ》連峰の北端の山）が聳《そび》えているのです。

ところが、復元されたものは倒れていた大きな石を最初にそういうことを意識しないで立てたものだから、並んでいた方向軸がずれている。私はあれはちゃんと蓼科山を見ていたんだと思っています。阿久遺跡からは、ちょうど富士山の孫のような、左右対称の三輪《みわ》山型《やま》（あるいは神奈備《かんなび》山型）をした蓼科山がちゃんと見えるのです。それをどうも目指していた。

同じようにそういう考え方で見直してみると、縄文早期の長野県大町市にある山《やま》の神《かみ》遺跡というのは、餓鬼岳《がきだけ》（北アルプスにある山）を、ちゃんと目指しています。長方形の石の列が、山の方向をちゃんと指して並んでいるのです。その石の列も、一度その長方形を造って終わりではない。同じ場所に重なるようにして何回かそこに造っているということ

阿久遺跡から望む八ヶ岳、夏至の日の出（撮影：今福利恵）

山の神遺跡、北アルプスを望む集石・石列（撮影：川崎保）

が分かっています。

富士山を望むモニュメント

実は、縄文の記念物には、非常に重要な要素が見られます。それは富士山を望んでいるものがたくさんあるのです。そして、実際の富士山が見えない場所でも、やはり○○富士とあだ名をつけた山が今も各地にありますが、そんな見事な左右対称の三輪山型（神奈備山型）の山がちゃんと見える所に、いわゆる記念物が設けられていたりします。

詳しい因果関係はよく分かりませんが、少なくとも記念物を造るときに縄文人は山を相当気にしていて、その山に対してきちんとその記念物の設計を合わせている。これはもう紛れもない事実です。

その山は当時ももちろん、何とか山という名前がつけられていたでしょう。縄文文化との共通性を残しているとみられるアイヌの人たちの空間認識の中でも、山の名前というのはとても重要な要素の1つとなっていますから、同じように考えられるでしょう。

多分、その山には名前がついていて、そして山の特別な力、精霊を認めていた。だから、縄文人は山をずっと気にしています。

気にしているだけじゃなくて、彼らが変てこりんな記念物を造ろうとするとき、その山とシンクロナイズ（同調）させていくという現象が見られるのです。

自分たちの環境の中に、象徴的な山を取り込む

自分たちの生活環境に独自の色を加えていく。これはちょうど能舞台のようでもあります。ご存じのように、能舞台の正面の鏡板には老松が1本描かれています。それで能舞台として、象徴的な空間が成立します。それと同じように、縄文時代の記念物には老松に並ぶようなものとして、ちゃんとした三輪山型の山が視野の中に入っていて、そしてそれを意識しながら、記念物を造っていたということが分かります。

各地の遺跡に残るほとんどの記念物は、そのように山との関係性を見つけ出すことができます。中には見つけにくいものがありますが、見つけにくいものがあるからといって、そのような考え方が成り立たないということではありません。われわれが見つけにくいだけで、違ったもの、あるいは彼らにはもう1つ別の鏡板があった可能性があります。

極楽寺遺跡（富山県上市町）大日岳と冬至の日の出（撮影：藤田富士夫）

縄文中期には太陽運行を取り込んだ

約５５００～４５００年前の縄文中期になると、そういう石の記念物、特別な施設というものがあちらこちらで造られるようになります。伊豆半島の上白岩《かみしらいわ》遺跡（静岡県伊豆市）や新潟県津南町の堂平《どうだいら》遺跡、それから山梨県都留《つる》市の牛石《うしいし》遺跡などが中期の後半のもので、ちゃんとしたストーンサークルを造っています。

中でも牛石遺跡は非常に象徴的な、代表的なものです。牛石遺跡からはどかんとそびえている三《み》ッ峠《つとうげ》山という山が見えます。その三ッ峠山は、何と名前の通りピークが３つあるのですが、その３つのピークのど真ん中に、春分・秋分の日に太陽が沈んでいくのです。

それをあらかじめ予想して写真撮影に行ったことがあります。日没の1時間ぐらい前にその遺跡に行くと、傾きかけた太陽はまだ南の上空にずっとずれてありました。それが、1時間経つとどんどんどんどん山頂に近づいてきます。まっすぐに沈んでいくのではなく、南側から徐々に近付いてくる。そして、見事に春分・秋分の日没のときにはその三ッ峠山の真ん中の頂に、どかんと沈んでいく。これは縄文人もしてやったりという場所を見つけたのでしょう。山と石の記念物との関係に太陽の運行を取り込んだ、典型的な成功例です。

その牛石遺跡がある都留市は富士山のすぐお膝元《ひざもと》ですが、富士山がいつでも目に入るかというと、そうではない。遺跡がある台地は広大なのですが、屛風《びょうぶ》のように山々にずっと囲まれていますから、富士山を見ることのできる場所は限られます。その牛石遺跡の所だけが富士山がちょっと見える場所なのです。

だから、富士山を気にしながら生活ができる場所で、しかもちゃんと三ッ峠山の能舞台的な天与の装置がある。そしてその装置の所に、春分・秋分の日に日が落ちる、という位置を縄文人はちゃんと見つけ出したわけです。

私は感動的という言葉はあまり使いたくないのですが、このときは、もうそれ以外の言葉はありませんでした。こんな例を挙げていったらきりがないくらい、いっぱいあります。

私の尊敬する考古学者の佐原《さはら》 真《まこと》さんは、ほかの遺跡でのことですが、沈む太陽と山頂

牛石遺跡　三ッ峠山と春分の日の入り（撮影：今福利恵）

が少しずれていてそんなにぴたっといってないじゃないかと否定的でした。実際、日の出や日の入りの位置は、縄文時代と同じではありません。また、周辺地形や大気温によって見え方が変わることを考慮する必要があることも承知しています。だからこそ、縄文人が太陽の運行と山並みを知悉《ちしつ》していた可能性を重視しているのです。大学の入学試験とかではないのですから、少しぐらいはいいんです。そういうところが、がっちりしているから科学的なんだと思ったら大間違いなんです。残念ながら、私は佐原さんより顔はいいんですけれど人気がないから、佐原さんの言うことのほうが通るんです。だから、いまだに私がこういう話をしても、考古学を研究している全員が納得してくれるまでには至らない。たまには顔に免じて、顔を立ててくれればよさそうなのにと思います。

三内丸山遺跡の6本柱と夏至の日の出・冬至の日の入り

日本最大級の縄文集落跡の三内丸山遺跡《さんないまるやま》（青森市）では、縄文時代中期の6本柱跡が発見されました。6本柱をそのすぐ脇に立てて復元すると、なんとその延長線上、3本と3本の柱の間に、冬至の日に太陽が沈んでいくのです。

この6本柱が目指す方角は、逆から見ると、夏至の日の日の出の方角です。冬至の日の日没と軸は一緒なのです。

6本柱とは3本柱が平行して2列並んでいると考えるべきものです。あれは6本だと思うから意味が分からない。

縄文人は奇数が好きで、その中でも3が基本となっています。6本柱は6本柱なのですが、その心は3足す3で、その3本ずつが向き合っている。それで夏至のときには、この2列に並んだ柱の真ん中に日が昇るのです。そして、冬至のときは逆に、その柱の間に日が沈む。山の稜線《りょうせん》から日が昇ると、太陽の光が放射状に出ますが、その光がちょうど6本の柱の間に入るようになっているのです。

三内丸山遺跡の６本柱と冬至の日の入り（撮影：川口潤）

三内丸山遺跡の６本柱の跡は、１つの柱跡が直径・深さともに約２メートルで、中に直径１メートルのクリの木の柱が残っていました。これを復元するときに、大型掘立柱建物だったのだろうと、床がつけられてしまい、３階建ての「建築」にされてしまいました。物見やぐらか何かだろうと。そうではないのです。前述したように、冬至や夏至のときに、柱の間に太陽が沈んだり、昇るというのが大事なことなのです。

　さらにこの６本柱には、もっとすごい数学的な法則がある。この６本柱は全部縄文尺と呼んでいる単位の倍数でできているんです。

　縄文尺とは、人間の手首から肘《ひじ》までの長さが元になっているもので、約35センチ。エジプトのピラミッドもキュービットという単位を基準にして造られていますが、考え方は同じです。どこかに定規があるんじゃないかと言う人がいますが、そんなのはありません。

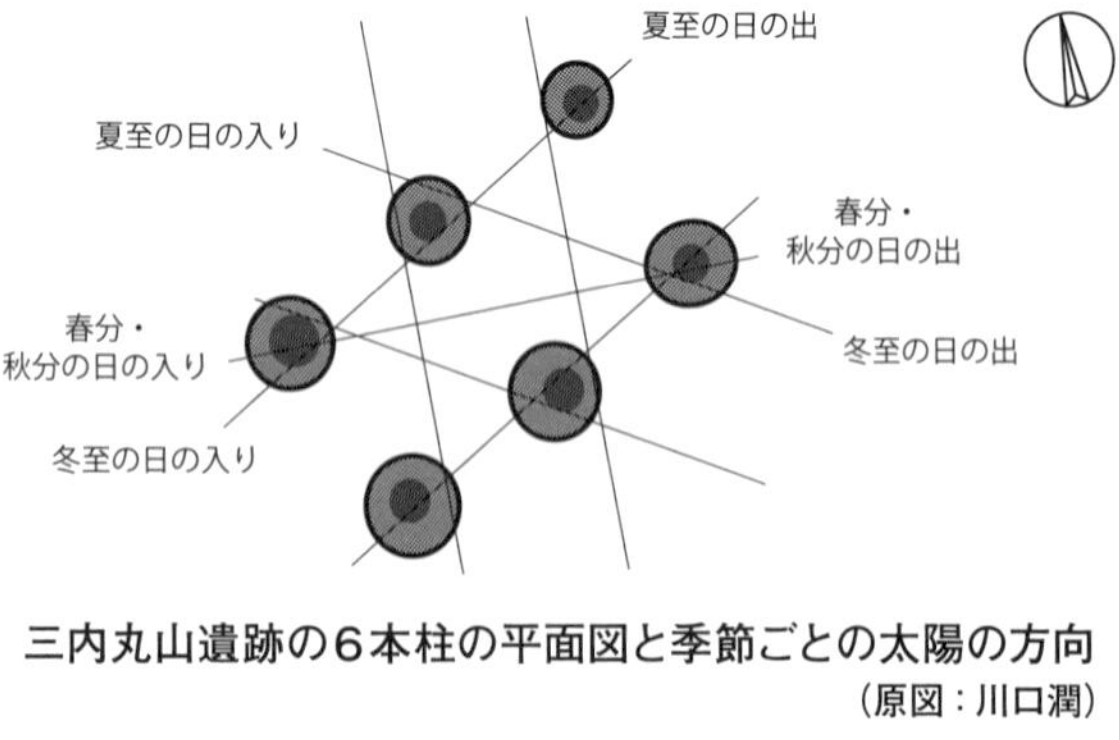

三内丸山遺跡の６本柱の平面図と季節ごとの太陽の方向
（原図：川口潤）

その縄文尺が35センチで、柱の穴の間隔はすべて４メートル20センチ。柱の高さを14メートル70センチに復元した結果、夏至の南中に、その影が３本の間隔の真ん中の線上に来るようになっています。これも要するに35センチの倍数です。このように太陽との関係から柱の高さまで考えられているのに、床を張ったりしたら台無しです。

ところが、この肝心の理由が無視され、小林は違う説を言い張っているだけだと片付けられてしまいました。とても残念です。

二至二分とダイヤモンドフラッシュ

ですから、縄文人は春分、秋分、夏至、冬至を十分に心得ていて、６本柱はまさに季節を知る日時計です。

春分・秋分というのは太陽が真東から昇って真西に落ちます。

春分の日が終わって、６月22日頃の夏至に向かって

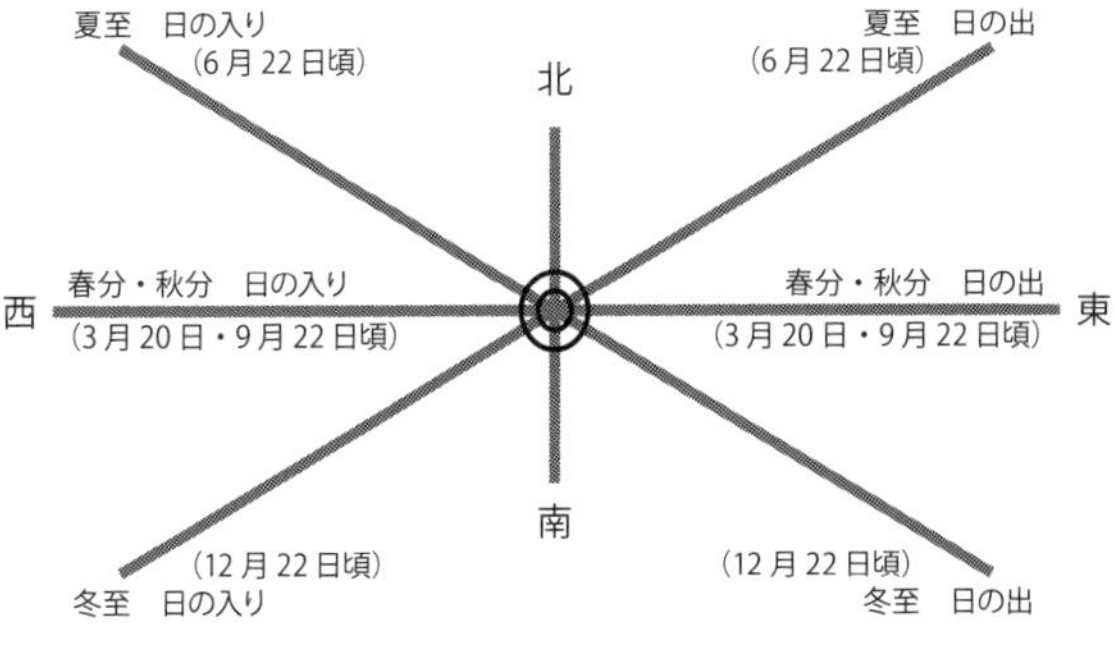

二至二分と、日の出・日の入りの位置関係

太陽の運行がどう変化しているかというと、徐々に徐々に真東より北寄りから日が昇って、真西より北寄りに日が沈む。そして、ぎりぎり北の限界から昇って、ぎりぎり北の限界の所に落ちていくのが夏至です。1年の中で昼が最も長い日です。

夏至が終わると今度はきびすを返すようにして、太陽は徐々に南寄りから昇って南寄りに落ちていく。そして、9月22日頃の秋分の日には、太陽はまた真東から昇って真西に落ちることになります。以下同様の原理で、秋分が終わると徐々に日が短くなり、寒さを募らせていきます。それとともにいろいろな自然の恵みの変化を見せながら、太陽はだんだん南寄りから昇って南寄りに沈んでいきます。そして12月22日頃の冬至に、太陽は一番南寄りから昇って南寄りに落ちて、昼が最も短く夜が最も長くなります。

冬至の頃は世界のあちこちで古くから祭りが行われています。縄文人だけでなく、各地の人は冬至を認識していました。今はこの時期は世界的にキリスト教のクリスマス一色となっていますが、それは各民族のお祭りをハイジャックしたようなものです。

季節の観測でも日本には独自性があります。実は夏至と冬至というのは世界中どこの民族集団でも気にしています。ところが、春分、秋分を気にしている集団というのは少ない。しかし、日本はそれを気にしています。

お彼岸を春と秋にするのもその1つです。仏教が日本に入ってきたときは、別に春と秋にお彼岸をやらなければならないという風習はありませんでした。それが日本にお彼岸という単語が定着して、春と秋にお墓参りをするようになったのも、縄文時代以来の春分、秋分を気にしている風習が日本人の中にずっと残っていたからです。

今、季節ごとの太陽の動きを説明しましたが、太陽がただそういう位置から昇ってそういう位置に落ちるだけではありません。太陽が山の頂に落ちていくとき、ダイヤモンドフラッシュという、山頂に放射状に光り輝く様子が見えるのです。

冬至の頃のダイヤモンド富士がよく知られていますが、同じように、三内丸山遺跡の6本柱の間から向こうを見通すと、ちゃんと夏至のときには日が昇るときのダイヤモンドフラッシュ、冬至のときには日が沈むときのダイヤモンドフラッシュが見えるのです（前掲写真）。それほどの自然の演出があり、縄文人たちは彼らの環境世界の中にそれを取り込んでいるのです。

それが縄文記念物（モニュメント）の正体です。

縄文時代の記念物というのは石だけではなくて、太い柱、長い柱、それから土を盛り上げて土手を築いていくといった3つの手法があります。また、それらが組み合わさったものもあります。面白いことに、そういう記念物は縄文の早期に現れ、中期の後半頃になると、規模が大きくて目立つものがムラの中に造られるようになります。

（3）ムラから独立して造られた記念物

ところが、その後、約4500年前の縄文後期になると、秋田県鹿角《かづの》市十和田大湯《おおゆ》にある、よく知られた大湯の環状列石（ストーンサークル）のような記念物が登場します。あれはムラの中に造られたのではなく、ムラから飛び出て、記念物だけの特有の場所を確保しています。これがそれ以前、縄文中期までの記念物との大きな違いです。

ほかにも、例えば群馬県安中市の天神原《てんじんばら》遺跡があります。これは縄文後期から晩期（約3300〜2800年前）にかけて、長い期間、維持されてきたものです。この天神原遺跡の配石は、遺跡の中心から真西のほうに向かって、大きな細長い石が3本あります。1本はちゃんと立っていて、2本は倒れて発見されたのですが、それをえいやと立てるとちょうど3本の石が並びます。例によって「3」本です。

その3本の細長い石を遺跡の中心から見通すと、はるか彼方《かなた》に妙義山《みょうぎさん》が見えます。妙義山は、白雲山、金鶏山、金洞山の三山を合わせて妙義山と呼ぶように、3つの峰があり、

天神原遺跡　妙義山と春分の日の入り（撮影：大工原豊）

それにちゃんと対応させて、配石遺構の西の端っこにその３本を立てている。天神原遺跡の真西に妙義山があるので、春分、秋分の日の日没は、妙義山の３つの峰の真ん中に太陽が落ちるのです。

この遺跡の周りには竪穴住居はありません。記念物などをちゃんと維持管理して、お祭りをするような場所なのに、日常的な生活を送るのに必要とされた竪穴住居の跡は、そこにはほとんど見られません。つまり、記念物の空間として、それに最もふさわしい場所を見つけようとしているのです。

つまり、ムラを営むのに必要な立地条件のいい所、ムラの生活のために便利な所を探そうとすると、そういう場所は見つかります。しかし、それがそのまま記念物を造るのに最も良い有り様と重なるかというと、なかなかこれは望むべくもない話となるわけです。

ですから、そういう記念物の構築というのが進むにつれて、ムラの生活もちゃんとやりながら、一方ではしょっちゅう動き回っていて、動き回りながら、春分、秋分のときにはここに日が落ちるよ、ここから日が昇るよという場所を探している。ちゃんとそれを気にして動き回っているのです。そしてそのような場所を見つけ出して、そこに記念物を造る。だから、ムラとは別の場所となっているわけです。

前述の三内丸山遺跡は、ムラから記念物が飛び出す以前の縄文中期（約5500〜4500年前）にあたりますが、ムラの中だけれど、6本柱の記念物を持てるような場所だったからこそ、1500年ほどの長きにわたってムラが続いたのです。これはもう特殊なケースです。

もちろん1500年間、ずっとその場所で暮らし続けたわけではありません。無人状態の期間が何回も何回も訪れては、またそこに戻ってくるという、そういうものだったはずです。けれども、この遺跡から出土する土器の様式の変化を見ていくと、結果的には途切れていない。土器の変化の15ぐらいの段階が、ずっとたどれます。それはなぜかというと、夏至と冬至の日の出、日の入りをちゃんと目撃できるような特別の場所にムラが立地できたからなのです。

大湯ストーンサークル（環状列石）は生活の場ではなかった

日本で最大の、あの有名な大湯のストーンサークルは、皆さんにはぜひ見ていただきたいと思いますが、ストーンサークルを造った場所にはそれに見合うだけの竪穴住居はありません。それでいて、たくさんの土器のほかに土偶などの特別なものが、いろいろ出土しています。

あれだけのものを構築するには、もちろん1日や2日ではできません。1年のうちのたぶん夏の何日間か（私は夏だと思いますが、その根拠はここでは触れません）、辺り近郷のムラのそれぞれの働き手が全部集まって、一定期間、石を運んで来て、そこへ並べていったのだと思います。それを200年以上繰り返したわけです。

大湯のストーンサークルで使っている石は、遺跡の7キロぐらい上流から持って来ています。石の磨滅度とかを見ていくと、その場所の石にちょうど一致します。だから、その場所から持って来ていると考えるのですが、それは大変なことです。1人や2人では、もちろん動かせない、とても大きなものもあります。それをいちいち運び込む。少なくとも土器様式が2つ変わるくらいの期間、大ざっぱに言って一段階100年とすれば、200年くらいかけてあのストーンサークルは造られているのです。

それはたぶん夏、夏至の頃にみんなが集まって仕事をして、そして仕事が終わったときにお祭り騒ぎをやるのでしょう。そこではいろいろなパフォーマンスが用意されていたと思います。ある何人かの選抜された人は、何日か前から

大湯ストーンサークル〈万座〉(鹿角市教育委員会)

そのための練習に励みます。それは世界のいろんな民族誌に、たくさん類する事例がありますから、縄文人もそうだったのだろうと想像できます。夏至の10日前には、太陽がどの山から昇るかちゃんと分かっていたことでしょう。だからそのときから夏至の本番に向けて練習を始めるわけです。

アメリカ先住民、例えばプエブロ族の人たちの民族誌にも、それが残っています。メディシンマンというういわば呪術師《じゅじゅつし》が「よし、そろそろ練習始め」と言うと、練習を始めて、10日後にはちゃんと夏至になる。だから、みんな尊敬して秘伝になっているのですが、何のことはない、そのメディシンマンの寝起きする家の窓から差す光が、壁のどこに当たると夏至の10日前だというのが分かるようになっているのです。それでちゃんと測っているわけです。

縄文人もまた日の出、日の入りの位置を山並みのシルエットに重ねて確認していたのでしょう。そんなことはお茶の子さいさいだったわけです。

大湯ストーンサークルは共同墓地ではない

記念物のストーンサークルなどには、そういうお祭り騒ぎなどのいろいろなことが含まれているというのが分かってきています。しかし、あの大湯ストーンサークル（環状列石）をお墓、共同墓地だと考える人がまだ考古学者の中にも少なくありません。ところが、大勢の人が200年もの間、毎年のようにやって来て、工事をしている。かかわった人の延べ人数を考えてみてください。とても、その人たちの共同墓地の役割を果たしているとは思えません。

大湯のストーンサークルの中のいくつかの石の下から土壙《どこう》（穴を掘って遺体を埋葬した墓）が発見されたりしています。1つ発見されると、みんなもう、共同墓地だと膝を打つ。また、甕棺《かめかん》（遺体を納めた土器）があってもせいぜい3つとか4つとか、ごくごく少ないのです。お墓を見ていくと、共同墓地が別の遺跡にもちゃんとあります。ストーンサークルと必ずしも重ならないのです。

といって、ストーンサークルが全くお墓とは関係ないと言いたいわけではありません。土壙も甕棺もあるし、お墓的要素は確かにある。けれども、そのお墓的要素はごくごく限られた人のものだったのです。

おそらくそれは、縄文時代における階層の上の人たちのものでしょう。あるいは、あるときに英雄的な働きをした人、そういう人がそこに埋葬されている。そういう人が、実はそのストーンサークルの重要な構成要素に組み込まれているのでしょう。まだ納得してくれない人がいっぱいおりますが……。

だからといって、共同墓地であると結論づけてはいけません。そうしたら、せっかく縄文人が必死になってぎっくり腰になるのも顧みず、７キロも離れた遠くから石を運び込んだ、その意味が分からなくなってしまいます。

きれいに丸くせず、でこぼこのままの意味は？

面白いことに、大湯のストーンサークルは、たくさんの石を並べて造っていますが、きれいに円形を表しているわけではありません。でこぼこしています。まるで、節《ふし》があるようで、その数は20以上あります。

これはどういうことかというと、その節は、その部分を担当する工区に相当します。ストーンサークル造営には、参加するグループやムラごとに工事区間が割り当てられ、分担しています。それぞれ俺の場所、あるいは俺たちのムラの場所というのがあるわけです。全部決められているのです。だから、働き手の多寡によって太っている所とやせている所がある。ぱらぱらっとしか石がない所があるかと思えば、もうわーっと膨れ上がって隣の工区にまではみ出そうとするぐらいの所もある。働き手の多い工区は石をいっぱい運び込むことができるから、その場所は節くれだって太るのです。

きれいな円を描くということを目的とするのであれば、丸くしたらいいじゃないですか。できないわけでは決してない、できるのです。縄文のほかの構造物やそれらをつくる技術を見れば明らかです。ところがそっちは意に介することなく、自分たちの所は自分たちだけで、毎年毎年やって来ては造っているわけです。

実は、これがストーンサークルを造るときの1つの姿です。

そういうものが見えないストーンサークルもあるし、見えるものもある。見えないからといって「そんなことないじゃないか」と言ってはいけません。見えるものの尻尾《しっぽ》をつかまえたら、尻尾をつかんで正体を引きずり出さなければいけない。

そういうふうにして、ストーンサークルというのは出来上がっています。大湯のストーンサークルは、だからきれいに円形に丸く石が並べられているのではなくて、節くれだっているのです。

そして、評判を聞いて途中から俺たちも仲間に入りたいというやつが、また名乗りを挙げて来る。だけど、工区はすでに決まっていますから、そこに入れない。どうするかといったら、そのストーンサークルの一番外側から角《つの》を出すように、直線的な列石を放射状に

大湯ストーンサークルの万座（上）と、野中堂（下）（撮影：秋山邦雄）

ずっと出していったりしています。そのような部分はたくさんあるわけではありません。１、２、３、４本というように出てくる。それも、とんとんとんと隙間なく密に石が並んでいるかと思えば、空いている場所もある。そこは決して石が抜かれたわけではありません。そこは空いているけれども、１つ２つとちゃんといているけれども、１つ２つとちゃんとその席の権利を主張しているのです。満員電車の中で席を取るときに、帽子をぽーんと投げ置いて席を取るみたいなものです。

それでも、その後さらに「俺も仲間に入れてほしい」と言って来た集団は、もうその直線にも入れない。そうすると、どうするかといったら外側、すぐ傍《かたわ》らに造る。大湯遺跡には、万座《まんざ》と野中堂《のなかどう》という2つのストーンサークルがあるのですが、それとは別に、その周りに小規模なストーンサークルを造ったりしています。それが1つではなくて、いくつもあります。そして、前の2つに負けないぞというような規模で造ろうとしているのです。志半ばにして中途で終わっていますが、ずっと弧を描いてストーンサークルに仕上げようとしているのです。

大湯の3本柱はどこを目指していたのか

大湯のストーンサークルがある台地には、住居がなくて、記念物が次から次へと造られています。中心的なもののほかに同じ台地にはいろんなものが造られていて、3本柱もあります。

柱が2本なら結ぶと直線になるのは当たり前のことですが、3本柱の穴が等間隔にあって、それが直線に並ぶというのは、ものすごく意識的にしない限りそうなりません。3が好きだからといって、ただ3本の柱を立てたというのではありません。3本が直線に並ぶというのは、きちんとした見通しがなければ、できないことです。それが2組出ています。

そのようなモニュメントがあるのは、大湯のストーンサークルだけではありません。能

真脇遺跡　3本木柱と秋分の日の出（撮影：宮尾亨）

登半島の真脇遺跡（石川県能登町）でも4500年前の縄文中期の3本柱があります。それは春分、秋分の日の出・日の入りの方向に並んでいます。

大湯のストーンサークルの3本柱は2組とも同じ方角を指していますが、その方角で彼らは何を目指していたのかは、今のところちょっと見えてきません。しかし、同じ方向を指していますから、何かがある。あるいは、見えないものの中で彼らには見えているものがあるのかもしれない。頭の中にちゃんと見えているものがあるのです。

ことほどさように、大湯の台地は、いろんなものを造っていながら住居がほとんどありません。しかし、煮炊きに使うような土器もたくさん出てきていますから、あそこで何日間か滞在して、工事をしているというのは明らかです。そのときに彼らが一時的に滞在するのに、やはりちゃんと屋根がないと困ります。それが実は掘立柱の建物跡です。

掘立柱の建物について、死者を一時的に安置しておく「もがり屋」だと言う人もいますが、そうではありません。あれは、工事や祭りに集まった人たちが雨露をしのぐ、ちゃんと屋根を持った建物だと思います。そして、この掘立柱の建物は、工事が終わると柱をみんな抜き取って帰っていったのだと思います。

私は越後長岡の出身です。秋の収穫の時季に稲を刈って、それを干すとき「はさぎ」というものを立てて、綱をわたしたり竹竿をわたしたりして刈り取った稲を掛けて乾燥させます。そのときのはさぎは、スギの柱でしたが、自然の木を利用する場合もあり、越後平野特有の風景を創り出しています。その柱は、稲を乾燥させる作業が終わると引っこ抜いてしまいます。そして柱の穴には詰め物をしておく。そして、また翌年の刈り取りのシーズンになると、去年までずっと使ってきた柱の穴を探して、その詰め物をぱっと取ると、すぽっと穴が空くから、そこにすとんすとんと柱を落としこんでいくわけです。そんなやり方が残っていました。

これと同じように、大湯のストーンサークルの地には、半永久的と言うか、耐久性のある竪穴住居を設けるのではなくて、掘立柱で組み立て式の祭りの小屋掛けみたいな建物が毎年建てられていたと推測されるのです。

そして、それがストーンサークルの周りをずっと巡っています。四角形の4本柱のものと亀の甲型の6本柱の2種類のものがずっと並んでいます。これは決してもがり屋ではないと思います。ストーンサークルは単なる墓地でもありません。

祭りのための円形劇場を持っていた？

記念物というのは、単に目立ったものを造ったというだけではなくて、その空間でさまざまなパフォーマンスが行われる、いわばローマの円形のコロシアムみたいなものだったとも考えられます。それが、縄文人の社会に存在したということは、とても重要なことです。

円形劇場を持っていたということは、そこでさまざまなパフォーマンスが行われたことが想定されます。その中の1つには祖先崇拝があったかもしれません。そういうことにかかわる行事があったかもしれない。また、あるときには仮面劇が行われたかもしれません。

事実、土製仮面など特別な道具が出土している遺跡があります。あるときはまとめて成人式のようなことが行われたかもしれません。それらはすべて想像ですが、そういうようなことが行われていた可能性がきわめて高いと見ています。

といって、それをいちいち数え上げてみても、きりがありません。

厳然としてあるのは劇場空間としてのストーンサークルと、そのほかの記念物です。劇場空間としての社会的な意味や文化的な意味など、そういうものを抜きにして、大湯のストーンサークルは墓地だと言って簡単に済ませてほしくないのです。

劇場空間としての縄文記念物

記念物というのはいつも未完成です。そういう特徴があります。しかし縄文人は未完成だとは思っていません。いつもその時々で完成していると見るべきです。各地の遺跡は、そのときそのときの完成の積み重なりなのです。

現代のわれわれの目から見ると、未完成のように見えるから、そうなんだろうと勝手に決めつけてしまっているのです。そもそも、現代に生きるわれわれが安易にイメージする完成は、完成と見てよいのでしょうか。

もし、丁寧にまん丸くするのが目的なら、鷲ノ木《わしのき》遺跡（北海道茅部郡森町）が示してい

大湯から出土した朱彩台付土器（左）と、装飾付台付土器（右）
（鹿角市教育委員会）

るように、縄文人もやろうと思えばできるわけです。一重じゃなくて二重、三重でも、きれいに円形にしようと思うなら、真ん中から輪がきれいに完成するまで造り続けていって、余ったら外側に行けばいいわけです。けれども、ストーンサークルはそうではありません。

ストーンサークルや、そのほかの記念物のある遺跡は、特別な場所なのです。つまり縄文人は夏至や冬至、春分や秋分と記念物の関係がうまく設計の中に取り込めるような場所を見つけ出し、それを大事にしている「ハレ」の世界だからこそ、その場所から日常的な「ケ」の世界、普通の竪穴住居などは排除されるのです。だからこそ掘立柱を立てて、終わったら抜き取る。すると、あそこはたちまち、また聖なる空間に戻るのです。

　イギリスのストーンヘンジ（５０００年前頃）も、ストーンヘンジだけ独立してその場所にあります。このストーンヘンジだけでも大変面白いのですが、周りにはいっぱい墳墓があったり、それから2キロメートルにも及ぶ、カーサスという土手が連なっていたりします。あっちこっちで、そんな変なものを造っているのです。これをストーンヘンジ・インバイロンと呼びます。みんながそう言うわけではありませんが、私はその言い方が好きです。

　ストーンヘンジに模《も》すれば、大湯ストーンサークルは、大湯インバイロン。日本語で言うなら、大湯環境だとかストーンサークル空間ということになるのでしょうが、むしろストーンサークル劇場と呼んだほうがいい。そして大湯は、「大湯ストーンサークル劇場」なのです。

イギリス、ソールベリー平原のストーンヘンジ

そこは前述したように、日常性を嫌うために、竪穴住居はほとんどない。しかし人がやって来て何日間にもわたってある工事をします。そこでは食事もしなければいけないから、たくさんの食器も出てくるし、磨石も石皿も出てきます。土器ももちろん出てきます。

その一方で、祭りの道具となる土偶や石の剣、石棒など、いろんなものも多く出てくる。つまり、大湯ストーンサークルは聖なる空間なのです。そして、それは彼らのより日常性を超えた、そういうパフォーマンスの空間として維持されてきたのです。

これが記念物の重要なところです。

腹の足しにならないものを造る

そして、記念物は何の腹の足しにもなりません。みんなでそれにかかわると、腹がすく一方です。それでもあんなものを造っている。

今われわれは役に立つものを造ろうとして、原子力発電所を造りました。役に立つ、役に立つ、危険はないんだと。危険がないのなら東京のすぐそばに造ればいいのに、それはしない。それをまだやっています。まあ、そういう話をするときりがありません。

だからそこが面白いところですが、役に立つというものを造ろうとしたら、これは危険です。つまり、日常的な生活の役に立つものを造ろうということを言い出す人がいたら、これは危険なんです。大勢の人が賛成するでしょう。

大勢の人が賛成することというのは、ほとんどの場合、歴史的に見ると間違いに至っています。

ソクラテスをそうやって殺したじゃないですか。太平洋戦争にも突入しました。みんなが賛成しました。先の戦争では、朝日新聞も読売新聞も毎日新聞も旗を振りました。誰が反対しましたか。

つまり、私が言いたいことは、腹の足しになるようなものではないものを造ったという、その縄文の面白さです。それは、やはり学ぶべきことかもしれません。

例えば、失業対策が必要だったら、みんなしてバベルの塔（旧約聖書に登場する巨大な塔。天に届く塔を建設しようとした）みたいなものを造ればいいんです。そして、そこにいろいろな芸術家が参加して彫刻を納品したりするのです。

そういう危険じゃないこと、もうどうにもならないようなことを、汗水垂らして一生懸命にやるんです。気が遠くなるような時間をかけて大勢の人が集まって、造り上げているものが縄文の記念物なのです。だから、縄文というのは絶対間違いないのです。役に立つことをやろうとしなかったから。

弥生時代以降は、役に立つことを集中的にやり始めて、そして今につながって来ているわけです。

記念物は縄文人の世界観を表現した

もう一度あらためて整理しておきましょう。

なぜ記念物を造るのか、それは彼らの世界観を表現しようとしたからです。

大湯遺跡にある野中堂環状列石や伊勢堂岱《いせどうたい》遺跡（秋田県北秋田市）では、真ん中に小さい円形の列石があります。これをストーンサークルの一重目と数える人もいますが、私はその見方は取らない。真ん中は点、中心点なのです。ストーンサークルとは円と中心点で構成されているのです。そういうふうに見ないといけません。

寺野東《てらのひがし》遺跡（栃木県小山市）は土手（盛土）です。土手ですが、土手の真ん中にちょっと張り出しがあって、真ん中のへそにつながる。そこは小さな石が敷きつめられ固められている。これは土と石という違いはありますが、全く同じ世界観の形です。

世界観というのは目に見えないものですが、縄文人は目に見えないものを見えるものにしようとしました。それは面白い事実です。

透明人間というのは見えません。しかし、見えないけれども包帯でぐるぐる巻きにすると、透明人間が現れるのと同じです。

石を並べると世界観が浮かび上がってくる。土手を築くと世界観が浮かび上がってくるわけです。そしてその土手と太陽の運行（夏至、冬至、春分、秋分）をちゃんと合わせています。

それは決して縄文人が天文学を始めたことを示しているわけではありません。


考古学は、今でも海外などから新しい方法論が入ってきます。それによってまた内容が充実していきますから大事なのですが、一方ではそれだけが考古学じゃなくて、やはり地道に物を見て、そしてそこから縄文人の心、縄文人的世界を見ていかなければならないでしょう。

縄文時代の記念物、ストーンサークルは、縄文人が自らの意思によって縄文人のために築いたものです。なぜかといえば、それを持つことによって縄文人は、縄文世界を自分たちのものとして確認できる。主体性をそこで再確認できる。そういう働きを記念物はしています。

何の役にも立たないかというと、そうではありません。それは心の役に立ち、頭の役に立ち、そして主体性を確立するための極めて重要なものだったわけです。身も心も全部そこに投入して、縄文人のアイデンティティーというものを記念物に示そうとした、というふうに見るべきでしょう。

縄文人の個性を主張している、さまざまなストーンサークル

【伊勢堂岱ストーンサークル】

ストーンサークル1つとっても、例えば、東北地方と北海道に造られたものなど、実はみんな違います。似たものもありますが、全部それぞれに個性的なのです。

つまり、ストーンサークルを造ったときに、みんな1から10まで他のものを真似するわけではありません。例えば、大湯のストーンサークルは同じ種類の石を使っています。それにこだわって、7キロも上流から石を運び込みます。ところが、ちょっと離れた伊勢堂《いせどう》岱《たい》遺跡というストーンサークルは、いろいろな石が集められています。石に対する思い入れが全く違います。

伊勢堂岱のストーンサークルを造った人たちが気に掛けていることは、大湯の人たちと

伊勢堂岱遺跡（北秋田市教育委員会）

は違うようです。そして、それが彼らの主体性につながっています。俺たちは大湯の連中とは違う、俺たちの方式があるんだと主張しているのです。使われている石は、赤、黄、茶、白と色とりどりです。それは大湯と同じような規模でも、全く見た目の仕上がりが違います。

そのほかに伊勢堂岱には掘り込んだ溝が走っています。縄文人は一生懸命溝を掘っている。そういう変なことをしています。

大湯と同じように竪穴住居はありませんが、たくさんの土器が出てきます。そして土偶を筆頭に、鐸形《たくがた》土製品と呼んでいる銅鐸のミニチュアみたいなものが出てきます。これはその劇場空間で演じられるさまざまな祭り、パフォーマンス、あるいはそういうものの重要な小道具だったのでしょう。

【小牧野ストーンサークル】

青森市の小牧野《こまきの》遺跡にもストーンサークルがあります。ここは一風変わった小牧野方式という石の積み方をします。

細長い石を置いて、その隣に平べったい石を細長い石と直交するように横に重ね並べます。同じような順序で、「縦―横横横横、縦―横横横横、縦―横……」という並べ方をしています。このように石を配列した背景には、たぶん言葉もあったでしょう。「タテ、ヨコ、ヨコ、ヨコ、ヨコ」というように話しながら作業をしていたと見るわけです。

小牧野遺跡（青森市教育委員会）

前出の伊勢堂岱遺跡は自分だけの方式でいろいろな石を集めるのですが、石の配列に関しては部分的に小牧野方式を取り入れます。縦―横横横横、縦―横横横横と、小牧野遺跡と同じように石が並ぶところがあります。

しかし、それに全部染まるわけではありません。全部その真似をするのは、潔しとしないかのような気概を見せています。意外と縄文人は意地っ張りなんです。それがそれぞれの人の存立というか、アイデンティティーを保障するものであり、それによって「我は我なり」という自覚につながっていくのです。

例えば、小牧野もそのストーンサークルの中には、太ったりやせたりしている所がありますｏちゃんと円が1周回っているのは1つで、2周目はちょっとぶつぶつと切れたりしている。そして2周目が全部終わっていないのに、部分的に3周目があります。これも例によってもう場所が決まっていて、後続のちょっと遅れて来た連中は、もちろん1周目の円形の中には入れてもらうわけにはいきません。2周目ももう満杯。それで、「すみませんけど、3周目でいいから入れてくださいよ」と言って始めるという事情が垣間見《かいまみ》られます。

2周目もできてないのに何で3周目なのか、もし円形にしたいのなら2周目も円形にしたらどうですか、と言いたくもなりますが、それをしないのです。

【鷲ノ木ストーンサークル】

津軽海峡を渡った北海道森町の鷲ノ木《わしのき》遺跡のストーンサークルは、先ほど述べたように逆に、太ったりやせたりという節くれだったストーンサークルではありません。見事に、ずっときれいに一応輪を描いています。鷲ノ木は鷲ノ木で、鷲ノ木アイデンティティーを主張しているのです。

このように、ストーンサークルそれぞれは時期も地域も近接しているけれども、みんなそれぞれ個性を主張している。これは面白いじゃないですか。何でもかんでも一緒にならないで、むしろ反発している。そして、自らの流儀を探し当てて、それをちゃんと表現することによって、大湯には負けないぞという気概が出てきたり、俺たちは俺たちだと主張しているわけです。

鷲ノ木からは土偶は出ません。伊勢堂岱や大湯、小牧野遺跡からは出ています。だから、この劇場空間で演じられる演目、出し物の内容も違うのでしょう。出し物の内容が違うから、祭りの道具が違ってくるのです。

このストーンサークルは、縄文後期にずっと造られていましたが、その後はいつの間にか廃《すた》れていきます。しかし、その中で、弘前市の大森勝山《おおもりかつやま》遺跡では、縄文晩期に、一回りも二回りも大きい石をずっと並べています。

このストーンサークルは、遺跡のある台地の真ん中に構築されます。そしてその向こうに、津軽富士（岩木山）がどかんと見えます。前に触れた能舞台の鏡板の老松に相当する

大森勝山遺跡　岩木山の冬至の日の入り（撮影：川口潤）

ものがちゃんと用意されて、その場所を見つけたのです。しかも、その場所は冬至のときに、その津軽富士に日が沈むシーンを目撃できる。これは大変なことです。

ここは冬至のときは雪が深くて、写真を撮りに行くのでも大変ですが、私の友人の川口潤氏はついに写真撮影に成功しました。雪をこいでいっても、天気が悪ければ撮れませんから、1枚の写真に込められた、その執念というのは大変なものです（上の写真は別の年のもの）。

一面が真っ白い雪原で、ストーンサークルは雪の下です。けれども、ちゃんと津軽富士がそびえていて、天気であればそこに日が落ちて来て、ダイヤモンドフラッシュが見えるわけです。ただ単に、日が沈んで行くのではない。だから非常にそれは神秘的な光景になります。

そのダイヤモンドフラッシュというのは、山の稜線《りょうせん》でそういうフラッシュができる。

リムフラッシュともいいますが、そのリムフラッシュができるのは一瞬です。その一瞬のためにずっと待っているわけです。

寺野東遺跡の環状盛土遺構と模型（小山市教育委員会）

【寺野東遺跡の環状土手】

先述した寺野東《てらのひがし》遺跡には環状の土手（盛土）があります。この環状の土手は直径が１６５メートルあります。

最近で最もたくさんの三角縁神獣鏡《さんかくぶちしんじゅうきょう》を出した奈良県天理市の黒塚《くろづか》古墳（３世紀末頃）は、全長が１３５メートルですが、寺野東遺跡では直径１６５メートルで、高低差が５メートルぐらいの環状土手を築いているのです。真ん中からずっと土を掘り出して、その下にある鹿沼浮《かぬまふ》石層《せきそう》まで掘ったりしています。

また、この土手には面白い特徴があって、その環状の土手を歩くとき浮き沈みがある、つまりアップダウンがあるのです。これはストーンサークルの節《ふし》と一緒です。節くれだったストーンサークルと同じように、いっぱい土が積んである所と、あまり積まれてない所がある。だけど、「お前たち遅いなあ。じゃあ、手伝ってやるか。俺たちにはいっぱい働き手がいるから、回すよ」ということはやらないのです。だから、でこぼこでこぼこしている。これで完成しているのです、未完成ではない。

縄文人に未完成という言葉はないのではないでしょうか。宮沢賢治も言っています、「永久の未完成、これ完成である」と。

なぜ宮沢賢治を出すかというと、私の考えに異論を唱える人もいますから、宮沢賢治も言っているよと言うと、なるほどとなる。だから人の力というのは借りなくちゃ。

縄文人圏の景観

縄文人圏は、縄文人が生活する場の自然環境そのままではありません。その場所の視野に入る風景もまた重要な意味を持ちます。

縄文人のお伴としていつも行動を共にし、視界をも共有していたイヌといえども、眼に映るのは視界そのままの風景であって、それ以下でもそれ以上でもありません。しかし、縄文人はヒトの子、視界に広がる風景から自らの心が反応する要素を抽出して意識的に構成した人為的心象風景となります。例えて言うならば、ちょうどカメラが収めるパノラマ写真のように風景をあるがままに写しとるのではなく、ヒトにあっては、眼に入る光景を脳で編集し図式化したもの。東洋の山水画あるいは西洋の印象派の絵が想起されます。

縄文人圏に存在する多種多様な要素は顕在的のみならず潜在的なさまざまな有様を見せます。ムラの内をはじめムラの外に広がるハラにおいて、縄文人はそれらを見たり聞いたり、手で触ったり、実際上いろいろな遭遇の仕方があります。遭遇の最初は、基本的には個人的な経験です。個人的経験は一個人にとどまらず、その多くは自分以外の他の個人の経験と同じように重なったりする場合が少なくありません。お互いに同様な経験を突き合わせているうちに、個人的体験を超えて、仲間と共有しながら集団の共通認識の次元に止揚され、命名や言葉による説明などを通して文化的社会的な情報、観念となっていきます。

こうして、個人の眼に映り、個人的に遭遇した縄文人圏の多種多様な要素は、集団によって選択され、編集されて集団共有の景観を創り出していきます。

景観を構成する縄文人圏の中から選ばれるエリートの要素は、しばしば巨樹や巨岩、奇岩、あるいはその他の人目を惹《ひ》くものや、珍しいものだったりします。また、はるか遠い山並みの中で、一際高く抜きん出た山頂や左右対称の富士山形などが選ばれたりしています。今日においても、そうした山には名がつけられ、故郷を偲《しの》ぶよすがとなっていることに思い至ることでしょう。アイヌの人々も、視界に入る山には名を与えて、景観の重要な要素としています。

縄文人もまた富士山をはじめ、八の字形の山をムラから眺望し得る景観に取り込んでいる例が多くあります。北海道の駒ヶ岳《こまがたけ》、青森県岩木山、茨城県筑波山《つくばさん》、群馬県妙義山、神奈川県大山、山梨県三ッ峠山の山頂などと二至二分（夏至、冬至、春分、秋分）の日の出や日の入りが重なる地点を探し出したりしていました。その伝統は大和《やまと》（奈良県）の三輪山に続き、全国各地のいわゆる神奈備山《かんなびやま》（神が鎮座する山）として格付けされたりしています。

景観に加えられた記念物

縄文人にとっての景観とは、縄文人をとり囲む自然の風景と自然の一画を占拠するムラの人工的空間で構成されます。

縄文人の景観にとってさらに注目すべき存在があります。縄文人の土木工事ともいうべき構築物です。なかには桁はずれの大きさを誇り、それだけにいやが上にも目立つ代物です。環状列石（ストーンサークル）、環状土手、巨木柱列などの種類があります。その構築には日常的な生活場面で発揮される力量をはるかに超え、はたまた２００年以上の長年月をかけたりするほどです。それほど膨大な時間と労力の投入を要する大仰な所業であれば、よほどの覚悟と重大な目的が予想されます。にもかかわらず、もはやわれわれ現代人には全く見当がつかないのは、それがまさに縄文人独特の理屈＝世界観にかかわるからなのでしょう。

そして縄文人の記念物は目立つが故に、少なくとも縄文人の景観創りにおいても極めて重要な存在であったことが容易に想像できます。

換言すれば、大いに目立つ記念物は、そもそも景観の有り様と密接にかかわるところに意義を持つものであったと考えられます。こうした縄文人の景観に重要な効果を発揮し、それなりの役割をたしかに演じた記念物の伝統は、その後も形を変えたりしながら途ぎれ途ぎれ、見え隠れしながら現れるいくつかの事例を指摘できます。

弥生時代の環濠《かんごう》集落は通説のような防御施設ではなく、むしろ記念物としての性格が強い。まさに縄文の記念物の意義と一脈通ずるところに注意すべきです。溝を掘りめぐらす目的ではなく、溝を掘ることで、その土量をもって土手状に巡らすことに本来の意志があったのです（久世辰男）。さらに、前方後円墳の築造や古代の寺院建立と五重塔なども、景観創りに与《あずか》って大いに効果があったのです（梅原猛、大澤昭彦）。やがて近世城郭の天守閣、さらに時代を下って東京タワーからスカイツリーへとその系譜はつながっています。あらためて、現代の景観における記念物（モニュメント）の性格や効果の働きから遡《さかのぼ》って縄文記念物の性格の一端が垣間《かいまみ》見えます。

場所性トポフィリア

真脇遺跡（石川県能登町）の環状木柱列（真脇遺跡縄文館）

縄文人は、生まれ、成長し、齢傾《よわい》くに至る間、必要とするエネルギーを生物資源バイオマスから確保します。しかし景観は肉体を維持する力および活動する力に直結するものでは必ずしもありません。景観は心性にかかわるものなのです。

ここぞとばかりに選定されたムラの位置は、縄文人の生活の拠点として、必要十分な面積のひろがる単なる空間ではありません。その地点の地理的物理的特徴を超えた、固有の場所性があるのです。

縄文人にとっての場所性は、今や現代のわれわれの眼にそれと分かる前述の神奈備山型との関係のような場合は極めて少なく、おそらく縄文人にとっても視覚上あるいは触覚上認められるものばかりでなく、心性で感得される性質による理由が大きいと思われます。長年にわたって住み続けた竪穴住居は単なる寝起きする施設ではなく、両親や祖父母、兄弟姉妹などの家族と過ごした思い出が詰まった特別情緒的な居場所だったでしょう。柱のキズにも心が動いたりする家族全員の心身が共有する拠《よ》り所であり、家族の絆《きずな》、家族意識が生まれて強くなる契機の源となります。

縄文ムラも、共に集《つど》い、生活し、まつりを通して互いに密接にかかわり合いながら仲間意識、連帯意識を助長します。そうした仲間に対する親愛の情をかき立てる舞台こそがムラであり、ムラに対する親しみが湧《わ》いてくる由縁です。それが場所愛、トポフィリア（イーフー・トゥアン）です。場所愛は、ムラ空間に限定されるのではなく、ムラの外に広がるハラのたたずまいから、中景、遠景の山並みまで展開する景観に及ぶのです。

また、場所愛は敢《あ》えて意識していないのに、いつの間にやらしっかりと心に刷りこまれたりします。われわれも旅から帰ると、あるいは故郷に戻ると、遠目から懐かしさがこみあげたりするのは、景観に潜在する力なのです。場所愛をかき立てる特有のオーラです。オラがクニさ意識をかき立てられるのです。

「縄文人圏における生物資源（バイオマス）と景観」

『特別企画展　人が大地と出会うとき』（愛知県陶磁美術館、2016年）を一部改編

第2章

縄文火焔土器は器を超え
物語を伝えている

（1）縄文土器は日本オリジナル

縄文土器が世界で一番古い

土器は、前述したように、粘土を見つけ出し、こねて、成形し、乾燥させて焼き上げるといった工程で、時間をかけて作られた画期的な道具です。旧石器時代の遊動的な生活から、定住的なムラの生活へと進んだ証《あかし》でもあります。

世界では少なくとも3カ所で独自に土器作りは開始され、次第に周辺へと広がっていきました。その中心地は、西アジア（イラン、イラク）のメソポタミア地方と、南アメリカのアマゾン川流域、そして東アジア（ロシア、中国）、日本列島の縄文土器です。

縄文土器が日本列島に登場したのは、放射性炭素分析法による年代測定によると、約1万5000年前と一番古い。西アジアの土器はせいぜい9000年前で、ざっと6000年も先駆けています。アマゾン川流域はもっと新しく7000年前ぐらい。縄文土器はもう歴然とした古さを持っているわけです。

縄文土器の登場は、人類史上における奇跡ともいうべき大事件だったのですが、まさかこんなちっぽけな日本列島で、とんでもない道具の1つである土器が発明されたなどとは考えない人が多いのです。特に日本の研究者は控え目だから、大抵新しいものは大陸から伝えられて来たと言います。

土器については、メソポタミア地方の辺りで発明されたものが日本まで伝播《でんぱ》したと考えてきたのですが、年代測定の結果をどう説明していいか分からない。それで、依然として日本の土器はどこから来たのかと探しているわけです。

私はそうではない。あれはひらめきで、誰かが直感で土器というものを発明した。それは例によって中近東の人たちだけではなくて、同じように日本を含む東アジアでもそういうものを発明するチャンスがあって、そして独自に発明したと考えます。

旧石器時代の道具もそうです。石で作った斧《おの》などというのはその地域に登場する年代はさまざまですが、世界中のどこにでもあります。そして石斧《せきふ》というのは石斧というあの形1つしかない。だから、石斧を必要とする意識が出てきて、それを形にしたときには全部同じ形になるのです。

さらにいえば、釣り針もそうです。釣り針はあの形しかない。縄文時代にはもう釣り針があるわけですが、現代でも同じ形をしています。どこかで発明されたものが伝播したのではないのです。

ただ、もちろん独自に発明するのに、地域などによって時間的に早い遅いはあるでしょう。ちょっとのんびりしていて発明しなかった地域の集団は、それを隣の連中からお借りするという形で広がっていくわけです。とんでもない道具ですから。

しかし、どこかで発明されたものが伝播してくるのを待つ必要はありません。そういうふうに必要と思ってイメージした形を材料に乗せて造形していったものが、道具なのです。だから、ひらめきを持ったやつがいれば土器は作れる。ひらめきを持ったやつがいれば石斧は作れるし、釣り針は作れるのです。

日本人が世界で最初に土器を作っても、おかしいことは何もないのです。

最初から完成形をイメージしていた

土器は粘土で形を作り、それから焼いてはじめて土器になります。そして、世界中どこの土器を見ても、その地域で一番古い土器というのは、最初から極端に言えば、コーヒーカップぐらいの薄さの土器を作ったりしています。

例えば、子どもが粘土を使って初めて器を作ったときのような、あんなやぼったいものは作っていません。土器作りに際しては、ちゃんと完成された形をイメージして現実化するわけです。徐々に形が出てくるのではない。ひらめきで、この入れ物を粘土で作ろうとなったら、この形以外にはないという形を発見するわけです。

日本列島は、縄文の時代から結構人口密度が高いのです。人口密度が高いということは、いろいろなかかわりを持つ集団の規模が大きくて、コミュニケーションを取っている集団の頭数が多いわけです。頭数が多いと、とんでもないやつが含まれている。いたずらっぽいのはいるし、ひょうひょうとして我が道を行くようなやつ、あるいは誰も気がつかないものを最初に気がつくとか。そういうひらめきは世界中の人類の中には誰にもあるわけです。ただ、ひらめくかひらめかないか。あるいは早いか遅いかというだけです。

だから、日本列島の縄文人は土器を発明するチャンスが十分にあって、もしかしたら年代測定の数字の通りに世界で一番早かったのかもしれません。

ほかにも同じように大陸から渡ってきたと考えられていたものに、漆《うるし》があります。英語表記では「Japan」で、その漆も縄文時代から利用しているわけです。しかし、漆は中国から伝わったとみんな考えていたわけです。ところが、２０００年に北海道の函館市（旧南茅部町）の「垣ノ島《かきのしま》B遺跡」から約9000年前の縄文時代早期の漆器が見つかったことで、これが世界最古の漆器であると確認されています。

やはり日本列島の中に、ひらめいたやつがいたということなのです。

縄文文化を象徴する縄文土器

西アジアの土器は食料などの貯蔵用であり、食事の盛りつけ用でした。これに対して、縄文土器は深鉢を主体とする煮炊き用（ナベ・カマ）でした。

食べ物を煮炊きできるようになり、従来生のままでは食べることができなかった特に植物性の食料の種類が広がり、縄文人の食料事情を安定させることになりました。そして縄文土器は、弥生土器と交代するまでの1万年以上の長きにわたって作り続けられました。

この間、縄文土器は縄文文化の表看板として、北は北海道の北方四島、南は九州、さらに沖縄諸島にまで行き渡りました。あたかも方言のように、各地域に独特な縄文土器の様式が生まれ、個性的な特色を持つ約80の縄文土器様式が出現しては消滅を繰り返しました。

その一方で縄文土器には、地域それぞれの特色を超えて、注目すべき共通する性格があります。それが「口縁《こうえん》部に立ち上がる突起」であり、「縁が波打つような波状口縁」です。

土器作りでは世界の他地域より1歩先を歩んでいた縄文土器は、時代を経て独自の道を進み、強烈な個性を発揮し出しました。そして、縄文土器は、縄文文化を象徴する存在となるのです。

容器の機能を捨ててまで自らの世界観を表現した

世界中の焼き物の器は、だいたいサラダボウルみたいなものを原型として、ちょっとしたバラエティがあったり、大小の大きさの違いがある、というのがほとんどです。

しかし、縄文土器はそうではない。縄文土器は器ですから、底があって胴体があって、そして口があるのは同じですが、全く別の動きをしています。

器としての役割を徹底的に追求しないのです。器としての機能を追求することなく、縄文土器を作っている。ものを出し入れする、あるいは蓄えるためのものが器です。縄文土器も器ではあるのですが、世界中どこを探してもないような特徴を縄文土器は持っている。それは、「縄文火焔土器」としてよく知られるように、土器の口縁の部分に突起が付くのです。

また、口縁の部分をへこませて波打たせて、山あり谷ありのギザギザにする。せっかく作っても、谷の凹みを作ったら、物はそこまでしか入りません。また、突起を作ると、出し入れの邪魔になる。まさに器としては無用の長物です。だから、日本でも、縄文時代が終わって弥生土器になると、口縁はまっ平らになります。

器であれば、単なる道具です。道具としてその機能を追求していくと、シンプルなサラダボウルのような形か、プラスチック容器のようになっていく。

タッパー容器と縄文土器というのは対極にあります。器としての機能だけで評価すれば、縄文土器は劣等生です。突起を付けると粘土をその分余計に使いますし、手間ひまもかかる。しかも、土器の形そのものがミツバチの体のように、腰の所がくびれていたりする。誰が見たって不安定です。その上にまた突起を付けるのですから、機能無視もいいところです。

縄文デザインの面白さ

弥生造形と縄文造形の違いがそこにあって、弥生造形というのは機能デザイン、工業デザインなんです。その対極にあるのが縄文デザインというわけです。

造形の歴史を見てみると、ものを形づくる最初は石はもとより、木や獣の骨や角を素材として、削ったり、割ったり、裂いたりして目的とする形態に近づけていくわけです。いわば引き算型です。ところが、粘土だけは違いました。最初、手につかんだひと塊で底を作って、だんだん増量していく。足し算型の造形は、粘土が初めてなんです。そして粘土の性質からいって、加除修正も自由自在です。

縄文火焔型土器（国宝）笹山遺跡出土
（新潟県十日町市博物館）

縄文人はその粘土の性質ととことん格闘し始めました。そして相当早い時期から口縁に突起を作ります。縄文に入った最初の2000年ぐらいは目立った突起を作っているかは定かではありませんが、残りの1万3000年以上は土器に突起を作り続けるのです。

それが縄文デザインの面白さです。縄文デザインの可能性は、そういうクリエイティブなところにあります。

しかも土器の突起の数は4ではなく

て、3とか5にする。3ならまだしも、5つの突起を作ろうとすれば、バランスなんか取れません。突起の間隔が狭くなったり、広くなったりしてしまう。つまり、美的な効果をねらって突起を作っているのではない。5という観念にこだわっているから、それを表現することが必要だと、そうしたとしか思えない。自らの世界観を表現するのが、縄文デザインの特徴なんです。もちろん、突起が3つのときも、7つのときも、奇数ではレイアウトしにくいのに9まであるのです。

縄文人は突起を作ることに一生懸命で、これにこだわったのです。

この事実は、縄文土器の突起が容器の機能を実現する形の問題ではなく、縄文人の世界観に関係するものであったことを示唆しています。つまり、縄文土器は単なる容器に止まるものではなく、全く異なる意識の籠《こ》められた存在。縄文人自らの世界観を表現したものであり、縄文文化を象徴する芸術とさえいえるのです。

縄文土器のような突起を持つ土器は、同時代の日本列島周辺、ユーラシア大陸東端の沿海州、朝鮮半島、中国を見渡しても存在しません。こんな土器は、世界中を見ても、古今東西を見渡しても、縄文土器しかないのです。もっとも、パプアニューギニアや中南米インカの文化などに、それぞれ独特な土器造形の発達を見ることはできます。

沖縄、対馬に行った縄文人も朝鮮半島には行っていない

縄文土器は、北海道からずっと九州まで行き渡り、さらに、沖縄にまで達しています。沖縄の土器には突起があるのです。

かつて鳥居龍蔵という考古学を全国的に広めた学者が、沖縄の土器には突起があるから縄文土器だと早い時期に指摘していました。ところが今の研究者たちは、「沖縄はやはり本州と違うから別物だ」などと、細かいところにこだわって賛成していません。

しかし、それは違います。所変われば品変わるのですから、当然、縄文文化は一枚岩ではないのです。縄文の中で、地域的な集団がそれぞれ競ってやっていたからこそ、活気のある文化ができたのです。

特に東日本の地域は人口も多くて、縄文土器でも各地域で競っている形跡がうかがわれます。西日本の縄文人の世界は人口が少ないので、文化圏は広くなります。東のほうは文化圏というか、一つの流儀のテリトリーは狭くなっています。そういうところにも表れているのです。

それにしても、突起にこだわりを持つ縄文人が沖縄の土器にも共通の痕跡《こんせき》を残している。

つまり、縄文人は沖縄まで丸木舟で行ったのです。土器だけが行くわけでなく、運んでいるわけですから。そして土器のほかにも縄文人がこだわっている翡翠《ひすい》を持っていったりしています。そういういろいろな要素を見ていっても、沖縄と縄文とのつながりは極めて濃いのです。

ちなみに、縄文人は朝鮮半島と九州との間にある対馬《つしま》も拠点にしていました。この対馬は九州より、朝鮮半島に近い所に位置しています。沖縄に行く能力があるのですから、対馬まで行った勢いをもってすれば、あっという間に朝鮮半島に行けるのに、縄文人は行きませんでした。朝鮮半島には縄文土器はないし、翡翠も出てきません。

厳密に言えば、全く行っていないわけではありません。しかし、例えば向こうの大きな貝塚遺跡に縄文土器の破片が2つしかない。なぜ、もっと持って行ったり、もっと受け入れなかったのか。その理由は、縄文土器の意味が分からないというか、それぞれの言葉が違ったからだと考えられます。言葉というのは文化です。文化は言葉を生み、そして言葉は文化を伝える。こうやって相互作用をしていくものです。ですから当時の日本と朝鮮半島とは、言葉も文化も違っていたのだと思います。

縄文土器の価値は弥生土器とは桁違い

ところで、私は前述のように新潟県の長岡市出身で、火焔土器が出土した馬高《うまたか》遺跡のある所です。中学の頃、火焔土器のかけらを拾って、単純な男ですから、それで考古学に夢中になってしまったのです。それが縄文土器じゃなく弥生の土器だったら、惚《ほ》れ込まなかったでしょう。

多くの方は縄文土器も弥生土器も同じ土器だから、価値は同じだと思いがちですが、大間違いです。縄文土器は焼き物、器を超えて、文化、社会の中における意味や価値が大きい。弥生土器や古墳時代以降に作られた土師器《はじき》や須恵器《すえき》に比べて桁違いなくらい、全然文化的な重要性が違います。弥生土器は世界観が込められていない、いわばただの容器だといえますが、縄文土器には世界観があります。

昔、われわれが教科書で習った縄文時代はすごく原始的であって、縄文土器も炎の形をしているのは、非常に未開なものだと習いました。しかし、そんな縄文人のイメージは間違っています。今では、縄文人が定住生活をしていたということは、ハッキリしていますでないと、土器作りなんてできません。

縄文土器についてはどの教科書でもすごく装飾的だという説明がされています。でも、それも全く違う。縄文というのは飾ろうとして文様をつけたのではなくて、彼らの世界観みたいなものを表現しているのです。

縄目文様というのは、縄を転がして作りますが、あれもただ縄を転がせば文様が出るわけじゃない。縄というか、紐《ひも》に縒《よ》りをかけているのです。

ただ、1回縒りをかけただけでは縄文にはならない。それを二つ折りして、もう1回折ると、ようやく縄目文様が出る。あるいはそれに結び目を作ると、また面白い文様になる。だから、ちゃんと縄を用いながらも、微妙なところに変化をつけて工夫している。そういうことが彼らには分かっていたのです。

装飾という点では、実は弥生土器のほうが飾っています。質素な模様というのは、違う感覚で見れば、ワンポイントのような飾りもありますし、非常にシャープな線を平らな面の上で主張しているとも言えます。ですから、装飾的なのは、むしろ弥生。縄文は全く装飾を意識しないで作っているのですが、それをわれわれが今見ると装飾的に感じるわけです。

縄文土器の文様は、世界観を表している

私は縄文土器の文様は、彼らが物語性を表現しているということで捉えようとしています。土器に特別な記号がいっぱい入っている。何らかの観念を表しているとしか思えないモチーフが土器の文様に出てくるのです。

例えば、S字のモチーフなんて1万年以上も続いています。それはモチーフに意味があるからです。絵描き歌（藤沼邦彦）みたいな物語があって、それを縄文土器にモチーフとして写していったのではないでしょうか。

しかも、そのモチーフが２０００年ぐらいたって姿を消したと思ったら、その後また時が経つと土器に現れてくる。モチーフが消えていた時代は、たまたま土器に表現されていないだけで、言葉ではつながっていた。文化がつながっているから、またモチーフが復活してきたのだと見ています。日本語がある限り、日本文化は残っていくと考えるようなものです。

例えば、日本の生け花の世界は縄文的です。つまり、見る者と世界観を共有しようとする。理屈を表現しようとしているから、引き込まれる。縄文土器もそうなんです。縄文土

器の前でじっと見ている人がいたら「おぬし、できるな」と。

美術家の岡本太郎が、昭和26年に東京国立博物館で縄文土器に初めて出会い、大きな衝撃を受けたという話は有名です。その後、太郎はカメラを担いで縄文土器を訪ね歩き、東北や沖縄にまで足を運び、また縄文の美の素晴らしさを発信していきました。それが各方面に大きな衝撃を与え、それまで美術品として見られることのなかった縄文土器や土偶が、日本美術史の最初のページに書き加えられることになったのです。

縄文土器はメッセージを伝えている

縄文土器は大げさな飾りを持っているというふうにみんな言いますが、私はあれは飾りではない、物語を表現していると以前から言っています。しかし、考古学の仲間からはあまり理解されませんでした。編集工学を提唱しながら、文化芸術について縦横無尽の評論活動を展開している松岡正剛が私の発言にちゃんと目を留めて、最初に評価してくれました。

そこで、縄文の文様は装飾的な目的で作っているのではない、これはあるメッセージを伝えるためだということを、もう少し分かりやすい譬《たと》えで説明してみます。

火焔土器というのは口縁の所に付く飾り（モチーフ）が、みな決まっています。もちろん、同じと言っても手作りのものですから大きさの大小もあれば、ちょっとした違いもあるのは当たり前です。

しかし、大事なことは口縁の所に「鶏頭冠突起《けいとうかん》」という鶏のとさかのようなオブジェが付くのです。火焔土器には、どんなものにもこれがみんな付きます。これは裏から見るとS字の形をしたモチーフとなっています。前述したように1度土器から消えたのに、時を経てまた現れたくらい縄文人がこだわっている飾りです。

そのS字のモチーフのところに、必ず鋸歯状《きょしじょう》のフリルを付けている。鶏頭冠突起の間の口縁にはギザギザのフリルが付くのです。

それからこの鶏頭冠突起の胴腹のところに窓が空いています。その窓の形は必ずハート形になっています。そうではないケースがあるかもしれませんが、ハート形を原則としています。

縄文火焔型土器の写真を見てもらうと、よく分かるでしょう。このハート形の窓がなぜハート形なのか、また鋸歯状のフリル1つ1つにも意味があって、それが土器に付いているわけです。窓があればいいというものではなくて、丸窓ではなくちゃんとハート形の窓でなくてはいけないわけです。

鶏頭冠突起の下に、私がトンボメガネと呼んでいる寄り目みたいな形が2つある。さらに、袋状突起というポケットみたいなものが付いている。それらは必ずあるのです。それがなければ、火焔型土器ではないのです。

なぜなら、なんとなく似ていればいいというものではなくて、それらのモチーフで決まったものを表現するために火焔型土器を作っているのだから、崩れません。


それを分かりやすく譬《たと》えてみれば、次のようになります。

この鶏頭冠突起というのを、例えば桃太郎になぞらえる。ハート形の窓を犬。寄り目のトンボメガネをおサルさん。袋状の突起をキジさんに置き換える。そして、ギザギザフリルはおじいさん、おばあさん。ほかの形（モチーフ）にも意味がまたあって、全部決まっている。そうすると、もう分かるでしょう。あ、桃太郎の話かと。

それぞれのモチーフが、そういう意味を持っていたのではないかという仕組みを、例えば桃太郎の話になぞらえて説明してみたのです。だから、火焔型土器のモチーフは、桃太郎の話を伝えるために付けているから、火焔型土器ならみんな同じような飾りで構成されているわけです。

火焔土器に付く飾り（モチーフ）

鶏頭冠突起

重文 馬高遺跡出土
（長岡市馬高縄文館）

鋸歯状のギザギザフリル

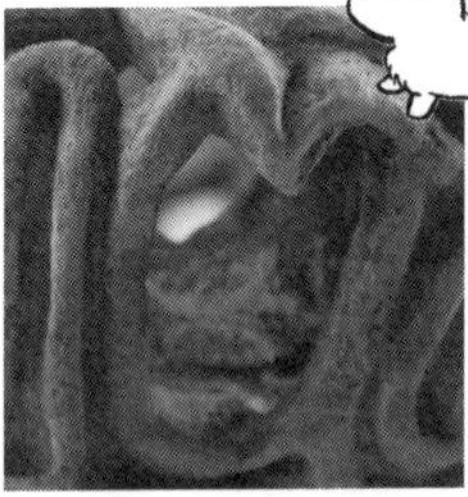

ハート形の窓

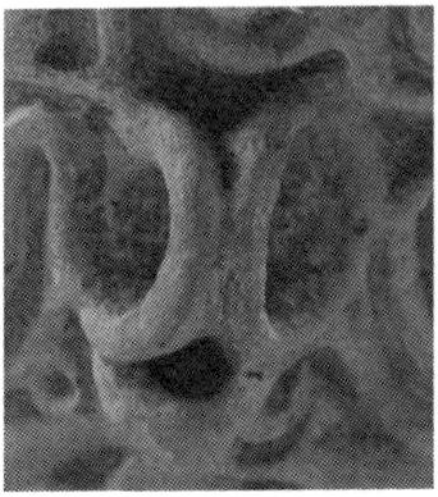

トンボメガネ双環

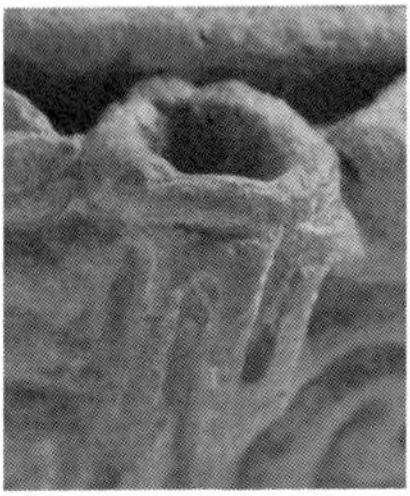

袋状突起

小林達雄2017「火焔土器は縄文の語り部」『火焔型土器と西の縄文』（信濃川火焔街道連携協議会）より
（イラスト：小林真弓）

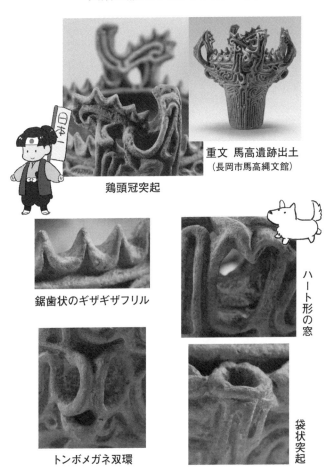

もちろん、縄文人が桃太郎の話をしていたということではありません。神話のようなストーリーを火焔型土器にこめて伝えていたのかもしれないし、自分たちがどこからやって来たのかという、アイデンティティーにかかわるストーリーかもしれません。もちろん、私たちは縄文人ではないのだから、どういう内容だったかなんて、分かりようがありません。

しかし、縄文火焔型土器はそのようにして物語を表現していると考えれば、発掘された地点（遺跡）は違うのに、全く同じようなモチーフが付いていることの説明にはなります。縄文土器は、機能性を考えて作られていませんから、共通の飾りが必要なわけではないのです。

また縄文の火焔型土器には、突起の形が王冠のように見える「王冠型」土器があります。火焔型土器と王冠型土器が対になっています。そしてやはり、こちらもモチーフに共通した決まりがあって、何かの物語を表現しています。

例えば、王冠型土器は口縁がいつも写真のように湾曲しています。火焔型土器はギザギザが付いていますが、こちらは水平です。また、王冠型土器は突起は鶏頭冠ではなくて短冊《たんざく》形の突起が付く。上から見ると、火焔型土器は円になっていますが、王冠型土器は四角くなっているなど、決まりがちゃんとあって、全部守られています。

火焔型土器

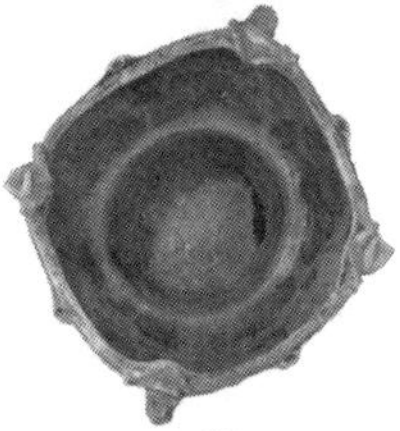

王冠型土器

岩野原遺跡（新潟県長野原市）出土
小林達雄2016「二つ一つの縄文思想」『第21回遺跡発掘調査報告会資料』
（新潟県教育委員会・公益財団法人新潟県埋蔵文化財調査団）より

火焔型土器と王冠型土器の両者が揃《そろ》って、初めて1つの世界観を表しているのでしょう。これを「2つ1つ」の縄文思想哲学と呼んでいます。「紙の表、裏」「1日の昼、夜」などの認識につながります。

(2)第二の道具、縄文土偶

約1万5000年前、日本で歴史的な転機＝縄文革命を迎えました。人類史上の第一段階（遊動的生活）から第二段階（定住的なムラを営む）への飛躍です。

ユーラシア大陸における第二段階が農耕を基盤としているのに対して、縄文文化は狩猟・漁労・採集の三本柱を生業《なりわい》の基本とする点に、個性と主体性が認められます。新たに弓矢の使用が始まり、イヌが飼育され、そして特に世界各地の集団に先駆けて土器の製作が開始されたことは大いに注目されることです。

縄文時代になると、日常的な生業に直接かかわる「第一の道具」とは別に、呪術《じゅじゅつ》、儀礼、祭祀《さいし》など精神文化、世界観にかかわる多種多様な「第二の道具」が大いに発達します。土偶はそうした第二の道具の代表格であり、同時代の朝鮮半島やシベリア沿海州にその姿を見いだすことはできません。

縄文時代開幕からしばらくして、文化が軌道にのり出すとともに土偶が登場します。三重県松阪《まつさか》市の粥見井尻《かゆみいじり》遺跡の例のように、縄文草創期（約１万５０００〜１万１５００年前）にまで遡ります。しかし、前期までは数も少なく、全国的にも青森から鹿児島まで散発的でした。

片手に収まる初期の土偶

土偶が初めて姿を現したとき、片手の中にすっぽり収まる程度の小ささでした。これは、土偶を作るとき、ごく少量の粘土を用意すれば間に合い、仕上げるのに手間がそれほどかかりません。さらに、その形は板状の三角形など単純なもので、土偶を作るにはほんの片手間仕事で十分だったのです。それだけ初現期の土偶はささやかで、控え目な存在だったと言えます。

しかも、早期の土偶は全国の発掘調査でも、これまで発見されたのが50点以下で、縄文の日本列島全域においては、文字通り稀薄な存在であったと思われます。

初現期の土偶は、逆三角形やバイオリン形の単純な形であって、四肢はおろか頭に相当する部分すらなかったり、顔らしき部分の作りがあっても、決して目鼻口などの顔を表現したのではなく、表現しようとする気配すら全くないものでした。

縄文人の生活の中に浸透する土偶

縄文中期（約5500〜5000年前）になると、土偶は東日本一帯でめざましい発達を見せます。しかし西日本と北海道では、依然として土偶は姿を現すことがありませんでした。

東日本では、1つの遺跡で100点以上も出土する場合があるなど、土偶はたくさん作られるようになります。また、初現期以来続いてきた単純な形態が複雑化していき、質的な大転換を見せるのです。

ついに肩の上に首が付いて頭がのるようになり、両腕を水平に伸ばすとともに2本の足も付く。つまり、両手、両足の五体を揃えた形態——頭、首、胸、手、足の5つの部分がちゃんと区別できるほどに表現されるようになります。

これは土偶の全体像において、そうした部位が明瞭《めいりょう》に意識されたことを意味します。つまり、形態の変化の背景には、作り手の意識の変化が密接にかかわっていたのです。

それまで、頭や手足が全体像の中に埋没していた状態から各々が分離独立して、その存

三内丸山遺跡出土の土偶（重文）。一番左は大形板状土偶
（青森県教育庁文化財保護課）

在が主体性を確立した。おそらく、アタマ、クビ、ムネ、テ、アシ、そしてオッパイなどと、コトバの上でもそれぞれ独自の名前を持つに至ったのでしょう。

このことは土偶の歴史における重大な画期的事件でした。

縄文人の意識の中で、土偶なる存在は五体を備えながら、確固たる地歩を築いたのです。それまでの曖昧模糊《あいまいもこ》とした形態から脱皮して、断固とした形態で縄文人の観念世界に居座ったのです。これを契機として、東日本一帯に広く行き渡り、土偶はあちこちで製作されるようになりました。少なくとも東日本で生を享《う》け、育った縄文人の誰もが、死ぬまでの一生の間に土偶を眼にすることができたに違いありません。

土偶というものが、実際の生活の中に何らかの形で取り込まれ、独自の役回りを演ずる場面を積極的に確保することとなったのです。

バラバラにされた土偶が意味するもの

中期の土偶には、さらに重大な事実があります。

折角、五体を備えたのにもかかわらず、その五体を満足に維持するものがほとんどなく、どれもこれもがバラバラの状態で発見されているのです。まさにこれは、ただ事ではないと、いち早く研究者たちも注目しました。

そうした中で、私と何人かの者は、もともと土偶は形作られる目的で完結するのではなく、あらかじめ毀《こわ》されるべくして作られたものと考えました。しかも、毀される部位に決まりがあり、その決まりがしっかり遵守されるため、製作段階において相応の仕掛けがあったと考えたのです。

例えば、1枚の板チョコを割るのに都合がよいように溝が格子目状につけられていますが、同様にあらかじめ仕掛けが組み込まれていたのではないかと。

少なくとも、バラバラ土偶は、製作時の接合個所で偶然毀れたことが重なったとか、土中にあって自然の影響や人に踏まれて毀れたりしたという理由では、到底納得できないものでした。そこには特別な事情、土偶にまつわる複雑な物語があったと見なくてはならないでしょう。土偶の単なる形状の分析だけでは、縄文人の心性に迫ることができないばかりか、縄文人の思考を考慮の外に置き放しにすることになります。

そこで、遺跡の中における土偶の在り方全体を総合的に見ていくと、いくつかの重大な事実が浮かび上がってきました。その1は、バラバラ土偶の部位に片寄りがあることです。つまり頭部の数と、手足の数には対応関係がなく、土偶像全体の部位がバランスを欠く奇妙な現象を示していたのです。その2は、それらのバラバラに分離された土偶のさまざまな部位は、一遺跡（少なくとも発掘区域内）で相互接合することがなかったり、相方のない孤立した状態になっていたりしたのです。

これは、大規模な遺跡の全面発掘例においても、顕著でした。つまり、全面的な発掘によっても発見できないバラバラ土偶の相方は、発掘対象とされた一遺跡内にはそもそもなかったのです。だから、土偶はある場所で故意に毀され、その場に一括されることなく、やがて別の地点に持ち去られていたことをはっきりと示唆していたのです。

その場合、一個体が、2分割や3分割されたというのではなく、90％以上が頭、腕、足、乳房などの特定の部位がほかの部位からひき離されているのです。

少なくとも、土偶は製作されてから廃棄されるまで、私の視点からすれば、大まかに次の3つの局面を経ていたのです。

・第一局面は、各地点でその時々の形態に製作された、完成品。完全な形を維持している。
・第二局面は、主体性を有する部位（予定されていた部位）に分割される（破壊＝解体）。
・第三局面は、分割、解体され、分離独立した部位が相互に引き離され、別々に扱われる。

特に、解体された場所にまとめられることはなく、別々に他の地点に移動させられます。その場合、土偶の頭から手足の先、乳房にいたる分割の数だけ移動先があった可能性さえあります。あるいは、その場に残されたり、移動先の地点においても、そのまま役割を終えて落ち着くのではなかったのかもしれません。各地点で場合によってはさらに分割され、またもや別々に次々と地点を移動させられたりしたということもあったのだろうかと思われます。

一体として生み出された土偶が、離れ離れに分割され、1カ所にとどまらず、他の地点へと移動させられたといった事情は、あたかも「安寿《あんじゅ》と厨子《ずし》王《おう》」が生き別れとなり、別々の場面でそれぞれ生きながらえた物語を想い起こさせます。とにかく、土偶にまつわる縄文物語が厳然としてあったのです。

ちなみに、イギリス大英博物館で開催された土偶展シンポジウムにおいて、コリン・レンフリュー博士が発表した内容は極めて興味深いものでした。つまり、ギリシャのキプロス島の新石器時代遺跡の多数の土偶が、バラバラの破片状態で出土し、ほとんど接合しないというのです。縄文土偶のケースと同様だったのです。

祭りの中心的存在？　超大形土偶

縄文世界に登場した土偶は、時期を追ってそのあり方や形態を変化させています。それは1つの形式（フォーム）としての系譜を辿ることができ、普遍性が認められる一方で、地域ごとに特徴的な形態や文様を持つ型式（タイプ）が発達しています。

土偶の大勢は片手に収まるか、持つことができる程度の大きさが終始主流を占めています。ところが、五体が表現され、目鼻口が整えられるようになった縄文中期には、超大型土偶が出現するのです。

通常見られる並の土偶では、15センチを超えて20センチに達しようとするものであればそれだけで直ちに大形品として目立ちます。ところが30センチを超えて、両手にも余ってはみ出るほどのものがあるのです。数は少なく、並の土偶の1000分の1にも達しませ

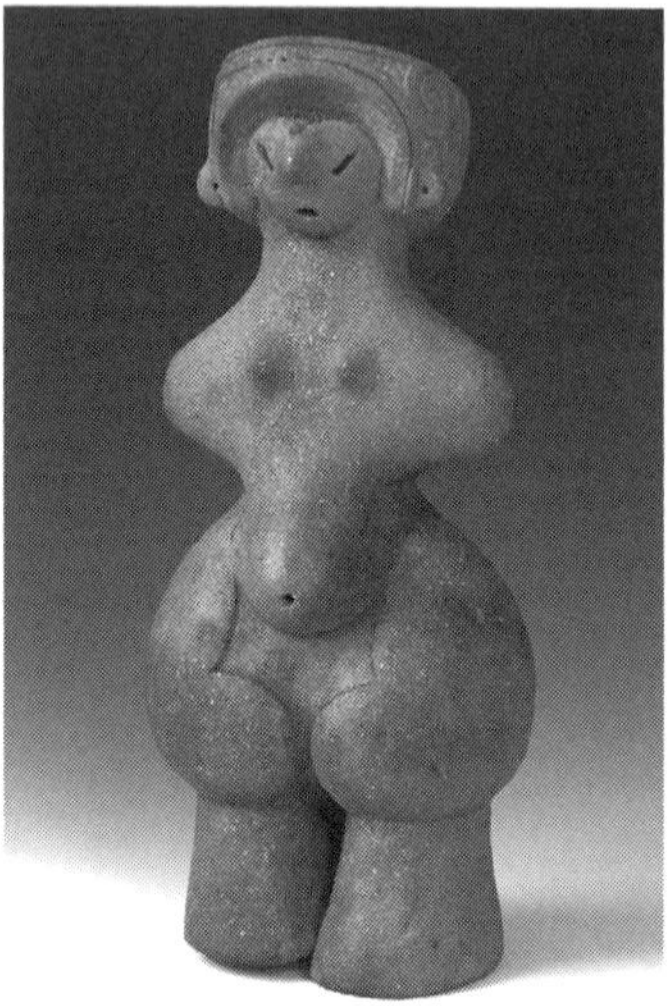

国宝「土偶」（縄文のビーナス）
（茅野市尖石縄文考古館）

ん。

素焼きで脆弱《ぜいじゃく》ですから大きくなればなるほどに、ちょっとしたことで毀れる危険が大きくなります。しかし、実際は、そうした超大形品には完全に近い形の状態をとどめているものが高い割合で存在するのです。国宝の長野県茅野《ちの》市の棚畑遺跡《たなばたけいせき》出土の「縄文のビーナス」や山形県舟形町西ノ前遺跡出土の「縄文の女神」、北海道函館市著保内野《ちょぼないの》遺跡出土の「中空土偶」はその代表です。東北地方の「遮光器土偶」にも例が少なくありません。

これらは大形であるという点からだけでも並いる土偶とは別格の風を漂わせ、威厳さえあるように感じられます。つまり、それだけ超大形土偶が祭りの中で演ずる役割は、並の土偶とは大きく区別されるものであったと思われます。

そして、並の土偶が2、3分割よりもさらに多くの部位に分割されるのに対して、ほとんど毀されることがなかった。毀される場合でも、片手、片足とか、部位の一部に限定さ

国宝「土偶」（仮面の女神）
（茅野市尖石縄文考古館）

国宝「土偶」（縄文の女神）
（山形県立博物館）

れ、それが故に全形をそのままとどめる恰好《かっこう》で役割を果たしたことを物語っています。

　そしてしばしば、新潟県糸魚川市の長者《ちょうじゃ》ヶ《が》原《はら》遺跡例のごとく大形の自然石の上に安置されたり、群馬県東吾妻《ひがしあがつま》町の郷原《ごうばら》遺跡における石囲いの中、あるいは長野県茅野市の棚畑遺跡の「縄文のビーナス」や中ッ《なかっ》原《ぱら》遺跡の「仮面土偶（仮面の女神）」、著保内野遺跡の「中空土偶」のように土壙《どこう》から出土する例があるように、超大形土偶が並の土偶とは別の独自の機能を帯びて、独自の取り扱われ方をしていたのでしょう。

　このように、発現期以来の並の土

偶とは明瞭に区別される新しい土偶の登場によって、縄文世界における土偶の存在がますます重要な位置を占めることになりました。それだけ、縄文土偶にかかわる観念技術が一般化し普及したとみることができます。

土偶の正体は人間の女性像ではない

土偶の生長は、あたかも昆虫が卵から孵《かえ》り、幼虫を経てサナギとなり、ついに脱皮して成虫へと大きく変態を遂げるのに似ています。第一段階の草創期の土偶は、手の中に入る小さなもので、第二段階（早期）を経て第三段階（前期）に入っても、目には見えない精霊を形にするにあたって、人形《ひとがた》になるのを避けるためにも、顔はつけませんでした。それが次の第四段階（中期）になると、土偶形態は文字通り生まれ変わって新時代を迎えるのです。それまでの長きにわたる顔なし土偶の形をかなぐり捨てて、禁断のはずの顔表現を始めたのです。

縄文中期に入ると、土偶は五体を備えた形態となり、それがそのまま縄文人が己が姿を写した造形としての人形に見えてきます。しかし、中期初頭では頭があっても、顔面相当部分には目鼻口が依然として描かれず、のっぺら坊のままの類《たぐい》が少なくありませんでした。

国宝の「縄文の女神」などが典型です。

　さらに後期から晩期へと土偶ブームは続き、数も増え、各地に特徴的な型式の消長が繰り広げられました。「十字形土偶」「ハート形土偶」「出《で》っ尻《ちり》土偶」「山形土偶」「みみずく土偶」「遮光器土偶」その他があります。いずれもが頭や顔や体つきなどの特徴に目をつけて、名づけられたニックネームです。しかし、これらは総じて、人形を彷彿《ほうふつ》させながらも、つくづく見るほどに、かえってヒト離れした形態に表現されていることが分かるでしょう。

　極言すれば、目鼻口を整えて顔面を表現することによって、確かにヒトのイメージにより近づけているように思えます。ところが、折角の顔の表現をしながら、肝心の目鼻口の形態、特徴が極端に現実離れして異様であったりします。むしろ、実際のヒトの顔を忠実に写しとるというよりは、かえって意図的にかけ離れた表現としている。このことは、土偶の出現以来5000年以上にわたって頭や顔表現が見られなかった事実と対極的であるようでいて、実際は両者には強い共通性があり、揺るぎのない1本の筋が貫いていたのです。

　つまり、実は、土偶は一瞥《いちべつ》すると人形に見えるものの、決してヒトを表現したものではなかったのです。むしろ、作者の縄文人がそれ以外の適切な形を発見することができないままに、やむを得ず創り出した苦肉の形態なのです。

そもそもヒトを表現しようとする意図は土偶に求められていなかったと考えられます。だから、多くの研究者が考えている、「土偶は人間の女性像」だと直ちには想定することはできないのです。

ナニモノカの実体化

乳房の表現から土偶が女性像だとするのは、単純で短絡的な当て推量にすぎません。たしかに大げさな乳房表現もありますが、それはすべての土偶の特徴ではなく、山形土偶と遮光器土偶の一部にすぎず、圧倒的に少数派です。ちなみに中国の民話には、巨乳を持つ男性の英雄譚が出てきます。

あるいは腹部が膨らんだごく一部の型式に目を奪われて、妊娠土偶と呼ぶのも、色香に迷った一方的な思い過ごしです。さりとて土偶は男性でもない。それにしても、土偶を女性と見立てることで安産や豊穣《ほうじょう》をつかさどる女神とか地母神とする仮説を支持することは到底できません。

つまり、土偶は女性でも男性でもなく、縄文人がヒトとしての己が身を写したものではありません。おそらくは、ヒトとは別の存在のイメージだった蓋然性が高い。それこそは、ほかでもない何かしら縄文人の観念世界に跳梁跋扈《ちょうりょうばっこ》するナニモノカ（精霊）の仮の姿だったのです。

縄文世界に初めて登場した最古の土偶が、ヒトには不可欠な頭や顔のない形態から出発して頑なに中期まで維持し続けた不思議な理由もここに潜んでいます。

もし縄文人が、己が姿形を本気で表現したいのであれば、あの縄文土器の優れた作品を創造した造形力をもってすれば、全く造作ないはずです。しかし実際には、圧倒的多数の土偶にそれだけの潜在力の片鱗《へんりん》すら見せないのは、特別な理由があったからにほかなりません。

これまで土偶を何のためらいもなくヒトの写しと断じてきたのは、確かな根拠がない当て推量以外の何ものでもありません。安易な思い込みが大手を振って、真相を見究める検討を手抜きしてきたのではないでしょうか。そもそも縄文土偶に対する入念な分析検討に基づいて自ら導き出されたものではなく、西アジア新石器の土偶を地母神とみなす通説を金科玉条のように取り入れているにすぎないと見えるのです。

縄文の土偶そのものはもちろん類似品を持たず、それだけに土偶とは縁のない現代論理空間に生きるわれわれが、その土偶を所有する縄文論理空間の内部にずかずかと土足で踏み込んで自らの論理がそのまま通用すると考えて少しの疑念も抱かないというのは、おかしなことではないでしょうか。

縄文人が表現したかった精霊

ところで各種の動物像には頭から尻尾の先までの全体の形態によって初めて種類を特定できるという性格があります。それと人像は明らかに違います。

岡本太郎が喝破するように、ヒトを表現する場合には、頭のてっぺんから足のつま先までの全体形を必要とせず、目鼻口で顔を描きさえすれば、たちまち誰しもヒトと判断できるという妙味があります。その肝心要の顔を最初の土偶につけなかったことは、極めて重要です。そこにこそ、土偶はヒトなのではないことの積極的な主張を見るのです。

ヒトではないのに、顔を表現することでヒトに接近することを避けるために、どうしても顔は表現してはならなかった。いや、できなかったと言うべきでしょう。とにかく、本来の目的である目に見えぬ精霊を可視化しようとする努力が、中期以降にはその禁欲を破って顔表現に踏み切ったことで水泡に帰してしまった、あるいは適当な表現で手を打ったというような経緯が浮かび上がってきます。

縄文人の表現したかった精霊は、動植物や山や岩や泉などのそれぞれに精霊がいるというアニミズム、「草木みなもの言う」日本的神道思考につながっています。

世界各地の民話や伝承には、そうした特定の対象物に結びついた精霊とは別に、独立した精霊の例があります。日本民話の中のザシキワラシはヒトの身辺に立ち現れます。北海道のアイヌの人々の間にも、蕗《ふき》の葉の下にヒトに似て非なる小人のコロポックルがいます。南西諸島にも、いつもガジュマルの木の枝に坐《すわ》っているものの、滅多に姿を現さず、実際にはなかなか目撃されることのないキジムナがいます。しかし、いずれも土偶にも木偶《でく》にも表現されることはありませんでした。

ただ縄文人だけは、そうした観念世界に存在する一種の精霊を土偶に仕立てるという冒険を敢《あ》えて実行したのです。その結果がのっぺら坊になったのです。しかし、それが自信のない表現であったが故に、大方の賛同が得られないまま縄文前期まで長らくなかなか普及しなかったのだと思われます。

これまでに発見されている土偶は約2万5000点。さらに近年の発掘などによって毎年発見数は増えています。おそらく縄文人の手になる土偶の実数は、少なくとも縄文中期から晩期に至る約2500年間に15万点を下回ることはなく、平均すると1年に60点となります。しかし、縄文時代の終幕まで途切れることなく作り続けられながら、朝鮮半島から伝来した大陸由来の農耕弥生時代になると、たちまち日本列島から姿を消していきます。土偶とは別の世界の始まりであり、新しい歴史の開幕だったのです。

第3章　日本人の心に息づく縄文大和言葉

ホモサピエンスは、定住によって〝ヒト〟となった

人類が定住することなく生きていた旧石器時代以前は、人間は自然の秩序の中に組み込まれ、野生の動物たちと同格でした。ところが、定住をするようになってムラを営むようになると、自然からまず自分たちの根拠地をもぎ取ります。そして、それまでの歴史上見たこともないような、自分たちだけの世界をつくるわけです。

竪穴住居、ゴミ捨て場、集団墓地など、その中は人為的、あるいは人工的なものに全部占拠され、ムラを取り巻く外側とは、もう全然違う世界ができてくるわけです。

そうすると、そこに生まれ育って、死んでいく縄文人というのは、あらためてムラの外の世界との違いを認識することとなります。それ以前の、シカやイノシシと同じように自然的秩序の中に生きていた世界から飛び出て、ムラを何年も何十年も、あるいは何百年も営む中で、俺たちは動物とは違うのだと意識する。もう同じフィールドに生きているわけではない、全く住み分けているわけです。ですから、繰り返しになりますが、そこから人間意識というのが生まれてきた。定住がそういうきっかけになったに違いないと、極めて高い蓋然性《がいぜんせい》を持って予測するわけです。

だから、地球上のどんな集団も、自分たちを〝ヒト〟と呼ぶそういう言葉を持っているわけです。

例えばアイヌ民族の「アイヌ」という言葉は、ヒトという意味です。またわれわれがかつてエスキモーと呼んでいた北極圏の先住民族の人たちがいますが、エスキモーというのは生肉を食う者という、欧米人がつけたドイツ語から来たあだ名です。だから、彼らは自分たちを、自分たちの呼び方で人間を意味する「イヌイット」と呼んでいます。英語のmanとか、そういう言葉も全部そうです、ヒトという意味です。

だからそれは人間意識の始まりで、誰もが通過するものなのだというふうに思うわけです。どこの集団でもそれを通過してきています。

そして、クマとかサルとかとは違い、自分たちはヒトだという意識を持ち、自然のものを観察の対象とするわけです。

縄文人の定住に関わって、彼らの定点観測に触れていますが、自然の中から抜け出ると、初めて自然との距離が縮まります。自然の中にどっぷりと浸かっていると、自分の立ち位置は分かりません。外に出るから、そして外に出てから自然を意識するようになって、対象化することができるわけです。

対象化というのは自然のさまざまなものを見たり観察したりして、自分たちとの立場の違いをそこで認識していくものです。だから、定住というのは非常に大事なことで、土地と結びついた世界観だとかそういうものにどんどんつながっていくという意味があるのです。

人間はどんな集団も、もともと言葉を持っている

人間とチンパンジーやゴリラのDNAは、ほとんど共通しています。98%以上といわれています。しかし、残りのちょっとした違う部分が、ヒトと動物とを大きく分けているわけです。

それが言葉なのだと私は思います。動物も仲間を確認し合う程度の言葉だったら、みんないろいろ持っていますが、ヒトの言葉というのはヒトの脳が持っている言語中枢の能力によるもので、これは人間特有なものです。

アメリカの言語学者、ノーム・チョムスキーが発見し、発言しています。人間は基本的文法をちゃんと先天的に持っていたと。まさに言語学の革命的な提唱でした。

だから、言葉が来る前にも歴史があって、そこではヒトが身振り手振りに大いに頼って

コミュニケーションをやっていた、というのではないのです。人間はもともと言葉を持っている、ということです。

下北半島のニホンザルは、本州で北限のサルです。兵庫県の丹波篠山《たんばささやま》のサルと出会ったことがないのに、それぞれの所で同じような行動をして同じように生きている。語彙《ごい》は人類と比べたら本当に少ないですが、一つのありようを考えるには有効です。出会ったこともないサル集団があちらでも生きていて、こちらでも同じようにコミュニケーションを取りながら生きている。

人間はもっと言語中枢が発達しているのです。それから直立で動き回ることによって、喉の元の所の空間が広がってきて、発声もバラエティに富むものになりました。それだけの能力を備えた人類は、どこかから言葉がやって来るまで待っていたというわけにはいきません。もう滑らかにお話をして、そして愛を語らい、ケンカもしたでしょう。それが言葉なのです。

チョムスキーの理論は今はいろいろ欠点が指摘されたり、あら探しが大きくなっていますが、チョムスキーのその発見は大変な言語学の革命的な成果といえます。

人間はもともと基本文法みたいなものをちゃんと心得ていたのです。だから、どこの集団も言葉を持っているわけです。

大野先生、日本語は縄文からあったのです

ところが、つい最近までの日本の言語学は、特に遅れていました。大野晋先生などは最高の日本語学者などと評価が高く、私は結構親しくさせてもらいました。大野先生と対論した本もありますが、私はそこでも彼の考えには反対しています。

大野先生をはじめとする日本の国語学者はだいたい、日本語なんてせいぜい弥生時代ぐらいから始まったと考えています。

そして、言葉はどこかからやって来たと思っていたわけです。日本語は、ウラル・アルタイ語系の一派であるとか主張されていました。でも大野先生には申し訳ないのですが、あれは違うのです。

言葉はチョムスキーが言うように、どこの地域の人も、みんなが持っている。だから、世界には5000以上の言語があると言われるわけです。

それはどこかの影響だとか、どこかから言葉というものを借用したり、あるいはそちらから来たものに巻き込まれて言葉をものにしたわけではなくて、みんながものにしている

わけです。それは人間の共通した能力なのです。これは大事なことです。

大野先生に言わせると、日本語は弥生時代に入ってきて、それまではごく不十分な言葉だったなどということになる。

しかし、そうではありません。人間はヒトとしての意識を持った最初から、ちゃんとした言葉があったのです。縄文人にも言葉があった。そしてその後、大野先生の考えを受け入れるなら、ウラル・アルタイ語系という言葉と接触して、共通のものを持つようになったり、影響を与えたり与えられたりという関係が出てくるわけです。そもそもが最初に全部言葉を持っていたわけです。

だから縄文人も言葉を流暢《りゅうちょう》に話しているわけで、縄文人が縄文大和《やまと》言葉をものにしていたということを前提にしてものを考えると、いろいろ見えて分かってくるのです。言葉が非常に大事なのです。

『万葉集』は7世紀後半から8世紀の和歌が編まれた最古の和歌集です。あそこに歌われている歌は、決してその当時の、例えば柿本人麻呂《かきのもとひとまろ》のひいお祖父さんのひいお祖父さん、そのまたひいひいお祖父さんの頃に出来上がった日本語、大和言葉を使って作られた歌ではないのです。もっと、もっと、もっと昔です。その根っこは深く、ちょっと遡《さかのぼ》るともう縄文時代に入ってしまうわけです。

日本語の「オノマトペ」は縄文の中から生まれた

日本語は遠くの他の地域から入ってきたものではありません。日本語は日本列島を舞台にして生まれたのです。縄文大和言葉は、縄文時代からもうすでにあり、しかも1万年以上にわたって育《はぐく》まれたものです。

言葉というのは文化です。文化が言葉を生んで、言葉がまた文化を彩ります。この中で縄文大和言葉は、次の万葉言葉につながっていく素地が出来上がっていたわけです。

日本語はいろいろな点で興味深い特徴を持っていますが、その中で注目すべきものが、オノマトペ。擬音語・擬声語・擬態語のことです。

じいっと見つめると、川が「さらさら」流れる。風が「そよそよ」吹く。これらはみんな擬音語です。擬声語というのは「テッペンカケタカ」（ホトトギス）とか「ツクツクホウシ」（ツクツクボウシ）とか「ブッポウソウ」（コノハズク）とか、鳥や昆虫の声と、人の言葉を重ねて表現しているものです。擬態語というのは「じいっと」見るとか、そういうものです。

世界には５０００以上の言語があると言われます。もっとあるかもしれませんが、もう絶滅してしまったり、あるいは絶滅寸前のものがたくさんありますが、それらの言葉のどこを見ても、日本語ほどオノマトペの発達しているものはありません。

私たちは現代の言葉の中でオノマトペを実にたくさん使っています。例えば、マンガの中では、ピストルものを言います。「バキューン！」とか「ズドーン！」と。それはもう大変です。もういくらでもマンガの中にオノマトペが飛び交っています。

マンガの中の効果音それ自体は現代になって生まれたものかもしれませんが、このようなオノマトペが生活の中に入り込んでいるのは、実は縄文人が１万年以上にわたって自然と共存共生してきたことの大きな証拠の１つなのです。

自然との共感共鳴、それが日本

そのオノマトペというのは、縄文人同士の言語活動の中からだけ出てきたのではありません。また、自然の音をただ言葉に変換したものでもありません。風が「そよそよ」吹くというのがありますが、あれは風が吹いて、音を立てているのではない。ささやいているのです。

どういうことかと言うと、音を、聞き耳を立ててキャッチしているのではなく、自然が発する声を聞いているのです。音ではなくて「声」です。

つまり縄文人は、縄文人同士の言語活動とは別に、同じようなレベルで、あるいはそれに近いレベルで自然と向き合いながら、自然と言語活動を活発に展開していた——そういう成果です。

この縄文の自然との付き合いを、私はこれまで「共存共生」と言って説明をしてきましたが、共存共生というといかにも生態学的な意味合いが強く聞こえてきます。それは嫌なので、いよいよ「自然との共感共鳴」と言ったほうがいいと考えています。共感共鳴というほどに、縄文は自然との関係は深いのです。

そして自然の移ろいの中、自然の表情の中に、その表情の変化をまた読み取って、自分の心とかかわりを持たせるのです。それが日本的自然なのです。

俳句の世界に生きる自然との共感共鳴

これは、やがて時代が下って俳句につながっていきます。冬になるとそろそろ紅葉も終わり、山は眠りに落ちる。「山眠る」のです。そして長らく眠っていた山が春になると、

「山が笑う」。そんな情景描写は、世界のほかの言語のどこにも見当たりません。

だから、実は日本語は、その中に縄文的な文化的遺伝子が息づいているのです。今の日本文化にとって、縄文文化というのはずっと遠い昔の話かと思っている人も多いかもしれませんが、そうではありません。ついこの間までずっと続いてきている、その末端にわれわれはいるわけです。

日本語というのはたくさんの言葉、表現があって、海外などの人に聞いてみるとよく分かります。例えば「懐かしい」という言葉は、英語にはないのです。聞いてみると「ああ、ないなあ。適当なのは」と言うのです。「懐かしい」という言葉がないと、懐かしがらない。言葉というのはそういうものです。

ほかにも「ほろ苦い」などという言葉が海外にありますか。

本当にもう、日本語はものすごくバラエティに富んで、変化に富んでいます。またそれを、いくらでも変化させることができるのです。「もの悲しい」「うら寂しい」と言って、みんなちゃんと、その情感が分かるのです。それは自然との共感共鳴の中から生み出されてきたものです。

ところで古今東西の詩歌は、概して恋のあわれに重心があります。しかしながら日本においては中国のそれに強く触発されながらも、本家本元を横眼で見て大いに詠《うた》うのは自然や四季の素晴らしさです。

その傾向はすでに『万葉集』に現れており、さらに『古今和歌集』では、全20巻の三分の一の恋歌とならんで、同じく三分の一を自然四季の歌が占めています。この際立った伝統は、やがて俳句につながっていくことが分かります。

現代の日本文化に生きる日本人が、誰も彼もがこぞって俳句に関心を寄せるのは、縄文に発する自然との共感共鳴を伝える文化的遺伝子の力の働きであることをあらためて思い知ることができます。

そして、最近も俳句を楽しんでいる人が多いと聞きますが、あれがある限り、日本人に日本文化は生きているわけです。どんなに化粧だとか服装だとかが変わっても、多分この日本文化はそのまましばらくは生き続けるでしょう。

名付けた自然も、みなもの言う草木

縄文人が自然との共存共生の中で食料資源をいかに劇的に拡大してきたか、第4章で紹介します。

縄文人の食料にかかわる情報は、ごく限られていて現代のわれわれには全貌《ぜんぼう》は捉えきれません。しかし、貝塚や遺跡などにかろうじて遺存していた種類を見ると、獣類や魚介類など動物性の食料や植物性の食料も多種多様であることが分かります。つまり、分け隔てなく、あらゆるものを万遍なく口にしていたことが分かります。

これは、現代人が安易に想像するように、原始的な縄文人が食い意地が張っていて、食べられそうなものを手当たり次第、手にして口に運んだということではありません。まずは食べられる物を見つけ出して特定し、毒物や食料に不適切な種類と区別しなくてはなりません。

そのためには「名づけ」が不可欠です。それぞれのものが名前によって記憶され、共有の知識となります。それぞれの名によって、生育場所や旬《しゅん》の季節などの生態学的な知識が整理され、調理加工法や保存法にまで拡大されるのです。それがあってこその多種多様な食料の利用と、年間を通した行動指針ともいえる「縄文カレンダー」（第4章）があったのです。

しかも、縄文人が関係を結ぶそれぞれは、一方的に人間から名づけられたという受動的、静的存在ではありませんでした。みなもの言う草木であり、精霊を宿し、名付け親としての縄文人と向き合うのです。

また、縄文人はハラに広がる自然のさまざまなものに対して人格を認めるようにもなりました。あらゆるものに耳を傾け、聴けるようになったのです。

日本列島で農耕が始まるまでの1万年以上も続いた自然との共生の体験の中で縄文世界観が醸成され、日本人的心の基盤が形成されていったと言えます。それは、文明先進国がどこも体験することのできなかった貴重な時間だったとも言えます。

梅原猛は、そこに「草木国土悉皆成仏《しっかいじょうぶつ》」を観ましたし、世界各地の自然民族のアニミズムに通じるものです。そして縄文人圏で培われた自然との共存共生は、日本思想の八百《やお》万《よろず》の神あるいは神道的精神世界へと継承されていくことになります。

言葉があるから抽象的な観念の世界も広がった

言葉があるということは、今だけではなくて過去の話ができるようになります。

それは時間からいえば過去、現在、そして明日のことも話ができるし、さらにその先へと続いていきます。そういう言葉を持つと、観念的なことについての世界が広がっていくわけです。

サルやチンパンジーは語彙が少ないということだけではなくて、人間と違ってそれだけの言葉を持っていないわけです。サルやチンパンジーは今の話をして、衝突すればケンカをするかもしれませんが、明日に向かってどうこうする、といったものは絶対にないわけです。そこが大きく違います。

縄文人も、だからずっと将来があるという、そういう世界の中で現在を生きることができるのは、言葉があったおかげです。言葉でそれは確認できるわけですから、やはり言葉があるということが大事なのです。

例えば縄文人は翡翠《ひすい》にこだわり、とても重視していました。翡翠は硬くて加工が大変な石です。だから、勾玉《まがたま》や丸い形のものに紐《ひも》を通す孔《あな》を開けてビーズに作ろうとしても、極めて厄介な材料で、滑石だとかそういうもので作ることに比べると、もう桁外れに手間ひまがかかります。

現在分かっている世界最古の翡翠の加工は、新潟県糸魚川《いといがわ》市の翡翠を使ったもので、縄文時代中期（約５０００年前）のものです。もちろん、鉄や銅などの金属の道具はないので、乾燥して堅くなった植物の茎（中空）をキリのようにして、細かい砂をヤスリ代わりに使って、膨大な時間をかけて穴を開けたと考えられています。

そして糸魚川近辺で採集された翡翠が加工されて、縄文の日本各地に広がっているのです。そのことは各地の縄文人同士で交流があったということですが、それでもその翡翠を貴重なものとして持っていき、残すためには、共通の認識が欠かせません。そしてそのことを伝えるには、言葉以外にはありません。

日本の翡翠の美しさはもうたとえようがありません。石の中に緑が差し込むように入っていたり、墨流しみたいに模様が入っているようなものがあり、それのどこがいいのかということをきちんと説明したり、その貴重さを相手が納得するためには、言葉で説明するしかないはずです。

また、勾玉など祭祀《さいし》の道具であれば、その意味なども伝えたのでしょう。全部説明しきれるかどうかは別ですが、言葉を用いてその価値を評価するというようなことがあったから、ずっと縄文世界に広めていくことができたのです。それは手まね足まねでは伝わりません。抽象的なことまで、言葉で伝えていたのです。

ちなみに、縄文土器は対馬や沖縄には伝わっていたのに、朝鮮半島には伝わらなかったと述べましたが、この日本の翡翠も朝鮮半島からは出てきません。やはり縄文とは、言葉も文化も違っていたのだと思います。

『古事記』はわれわれ日本人の根源を追求した

言葉があることで、縄文人はいろいろな観念とか神話のようなものを何世代にもわたって継承する中で生みだしてきたのでしょう。

神話といえば、日本では『古事記』ということになるのでしょうが、『古事記』を独自の見方で読み解いている小名木善行さんの『ねずさんと語る古事記・参』（青林堂）に、縄文文化をふまえた私の『古事記』のとらえ方を「解説」として最近書きました。相当とんでもない話だと思う部分もあるかもしれませんが、ここに転載します。

歴史の潮流にはいくつかの画期《かっき》があるが、国家の形成はその最も重大な事件のひとつである。

日本列島を舞台とする歴史も、先進中国に遅れをとりながらも、いよいよその機を迎えることとなった。それまでには1万5000年前に始まる縄文時代文化が、狩猟漁撈《ぎょろう》採集を生業《なりわい》としながら、島国にとどまり、周辺地域へと出張することを差し控えて交流が低調のままに孤立化していた。そうこうしているうちにようやく中国大陸で発達した農耕および鉄器が到来し、新しい弥生時代の幕を開けた。紀元前9世紀頃である。するとたちまち歴史の歩を速めて地方ごとに集団がまとまり、地方豪族が出現し、その大規模な墳墓《ふんぼ》に象徴される古墳時代を経て、国家形成の機運が高まったのである。さらに、地方豪族が相互に連合しながら、ついには列島規模の政治的構造、大和朝廷の樹立を目指すこととなった。このとき、自力の努力のみに頼るのではなく、すでに国家体制の整った中国を御手本としてその基幹を全面的に取り込む効果を鋭く見通して律令制《りつりょうせい》と都城制《とじょうせい》を採用し、具体化したのである。

この目論見《もくろみ》は、誤りではなかった。律令制と都城制の推進は、先進中国との大きな距離を一気に縮めて中華体制への仲間入りを果し、日本は国際舞台に参入するところとなったのである。

新体制の確立を目指した国家的大事業にはもう一つ極めて重要な案件があった。それが古事記の編纂《へんさん》（編修《へんしゅう》）である。律令制と都城制は、国の体裁を整え、カタチを作ったのに対して、古事記は国の主体性を根本から問い質《ただ》すココロにかかわるのである。中国の「史《し》」に対応するものではあるが、「史」はそのときどきの当代王朝が自ら存立の正当性の証明を第一義的に優先するものであった。またヨーロッパの「ヒストリー」は歴史的な事件の記録を主眼とし、その中で活躍する英雄の列伝的な性格が籠められていた。

それに対して古事記は、歴史的事実を述べながらも「古《いにしえ》を省《かえり》みて今の時代を照らし、人の道に学ぶものである」と明記する序文の文言《もんごん》が象徴的である。つまり小名木善行はここにこそ古事記の真骨頂《しんこっちょう》があり、歴史的事実を叙述する単なる歴史書ではなく、まさに古事記のココロ、哲学思想が籠められていると確信するのである。

さらに視点を変えてみれば、中国は自らの王朝に優先的に焦点をおき、ヨーロッパでは特定の英雄賛歌に傾きがちであるのに対し、古事記は違う。「皇臣民《こうしんみん》」の下層に位置づけられる「民《たみ》」即《すなわ》ち「おほみたから」にこそしっかりと光が当てられているのである。

（中略）

古事記は、古代国家体制の確立においてその思想哲学的根拠を謳《うた》い、「皇臣民」一体を旨《むね》とする国体の維持継承に与って大きな力となってきたのは紛れもない事実である。そしてこのとき、もう一つの文字による表記の実践と成功は日本文化にとって極めて大きな意義を有している。

日本語は、いつ、どこから来たのか。この問題は……アメリカの言語学者チョムスキーの登場によって、全く新しい展開をみせた。つまり人類は生まれながらにしてコトバを操る基本的文法法則を備えているという革命的な仮説である。日本語もまた、他地域からの到来を待つまでもなく当初からの日本列島に固有のコトバとして発達してきたというわけである。たしかに縄文文化の中に散見する土偶や石棒や石剣など儀礼や呪術にかかわる第二の道具の保有は、視《み》て確認できる機能ではなく、コトバによる抽象的な観念、価値観の合意抜きには考えられないものである。つまり縄文文化の1万年以上の歴史は、日本語の歴史であり、爾来《じらい》弥生時代、古墳時代、古代と続いてきた。

ただ原日本語には一切文字がなく、音声による口承《こうしょう》一本槍であった。日本に中国の文字（漢字）が接触してきたのは弥生時代に入ってからであり、次第にその機会が増えるとともに、文字の効用に気付くや、いやが上にも関心が高まったのは、蓋《けだ》し当然の成り行きといえよう。時あたかも国家体制の確立に必要とする古事記編纂の具体化の機運と相俟《あいま》って、ついに漢字文字採用が決断されたのである。

しかし、実際上ともなれば、大和言葉を漢字で表記するのは、至難《しなん》の業《わざ》である。けれどもその困難をみごとに克服し漢字を音読みと訓読みに使い分け、さらに漢字の意味をそのまま大和《やまと》言葉にすり合わせる工夫を加えたりするのである。この基本的な方法は他にはあり得ないほどの完璧性を誇るものであり、萬葉仮名《まんようかな》、平仮名を発明し、さらにカタカナを加えそのまま今日に至るまで最も有効な方法として、新しい日本語の体系となったのである。日本書紀、風土記や万葉集などに結実し、さらに源氏物語から近現代に至る日本文学の確かな潮流の原点となったのである。さらに言えば古事記始発の漢字まじりの日本語は日本文化の形成を促し、日本文化は日本語の基本を維持しながら当世風に幾度ともなく蘇生《そせい》を繰り返してきている。

（中略）

古事記は六国史《りっこくし》とは明確に区別される。「皇臣民」我々はどこから来たのか、我々はなにものか、我々はどこへゆくのかという人類哲学の典教《てんきょう》である。

（『ねずさんと語る古事記・参』）

『古事記』はやはり国家的な要請があって作られたものでしょう。要するに大和国家を作り上げていこうとするときには、中国の律令制といったものをお手本にするわけです。しかしそれは制度であって、観念的なものについてはそれでは整わない。俺たちはどこから来て、どういうものなのか。そしてどこへ進んでいくのか。それこそ画家ゴーギャンの問い掛けと同じような意味合いで『古事記』を作るわけです。

要するに自分たちの出所来歴を作って、そしてその中にわれわれが生きているのだと示すわけです。だから、大和国家は正統なのだということを言おうとしたわけです。

神話もそれぞれの地域で生まれている

神話については世界各地の神話の中に、同じようなモチーフがあるからと言って、それを神話学者や文化人類学者たちが研究してきました。それこそ博物学の巨星といわれた南《みな》方熊楠《かたくまぐす》が、「ヨーロッパのシンデレラの話はずっと昔の世界各地にまで遡《さかのぼ》ることができる。だから、それは共通したものだ」というふうに指摘したのは有名ですけれど、そういう研究をしたわけです。

そのような考え方が基本になっているから、似たようなモチーフがみんなあちらから来た、こちらから来たとやっているわけです。しかし、同じような人間の能力の中では、物語のモチーフも限られるのです。もちろんそういう研究はあります。

神様が神の国と俗の世界とを行き来する、などという話があると、それは大陸からの借用だ、あるいはそちらの文化が来ているのだ、という話につながっていくのですが、私はそうではないと考えています。

実は神話というのは、そういうパターンしかないわけです。

例えば神様というのは人間がつくったものです。神は、目に見えないものだけれどつくるわけです。そして、そこに自分たちのいろいろな思いを投影しながら神を動かして物語とするわけです。

しかし人間は、村上春樹みたいに次から次へとモチーフが出てくるわけではないので、同じようなモチーフをみんなが持つわけです。アイヌの人たちも持っているし、それから本土の日本人も同じようなものを持っている。

もっともアイヌはもう日本の縄文と同じです。縄文文化というのは、北海道からずっと沖縄まで行き渡っていました。その後に弥生が入ってきたときに、それこそ本州を中心とした地域の中で、弥生の新しい歴史が動いていきます。その辺境は、いろいろな意味で置いてきぼりになるわけです。それがアイヌになり、それから南のほうだと沖縄文化になっていくわけです。形質学的にもアイヌと沖縄の人たちのほうが現代日本人より近いのですが、それは縄文の末裔《まつえい》だからです。

最近、『縄文の思想』（講談社現代新書）で、瀬川拓郎さんが書いています。

私は書評を書きましたが、その瀬川さんの考え方も今の私のような考え方にのっとっているのですが、それを最初に言い出した、あるいは強調したのが梅原猛です。

芸術家の岡本太郎が東北に目を向けたり沖縄に出掛けていって、何ものかをつかんで帰ってくる。それも同じようなものです。縄文的なものが両方に残っていたからです。瀬川さんはよく勉強して、その考え方で書いているわけで、私もあれは大賛成です。

アイヌ語も、元は縄文大和言葉

アイヌ語も本を正せば縄文、大和言葉です。共通しているのです。

日本の本州のほうは、こちらはこちらで激しく歴史が動いていきます。弥生から古墳時代、そして奈良、平安とずっと動いていき、その激しさの中から新しいものが生み出されていき、言葉もどんどん変わっていくわけです。

そこから取り残されたのがアイヌ語です。南西諸島の「おもろの世界」などもそうですが、基本的なところでは、やはり日本語です。

アイヌの地はちょっと寒くて米ができなかったものだから、それでずっと本州と分かれてきたわけです。その中で大和言葉とアイヌ語を見ると、例えば「ヒカリ（光）とピカリ」という言葉があります。大和言葉のヒカリをアイヌ語ではピカリと言うのです。

そうすると、現在の視点からは、これはヒカリという言葉を借用しているのだというふうに見るわけです。ところがそうではない、同格なのです。大和言葉の先にヒカリという言葉があって、大和言葉はそのままヒカリになり、アイヌ語はピカリになった、というふうに考えていくべきなのです。

神様はカミで、大和言葉はカミですが、アイヌ語はカムイ。このカムイも大和言葉からアイヌ語に影響を与えてそうなったと言いますが、カミという存在は非常に大事なものですから、もともと両方にあったのです。そして大和言葉はカミというふうに今の日本語につながる言葉になって、アイヌはカムイとなっただけなんです。ベースは同じで、変わっただけで、大和言葉から影響を与えたのではありません。私はそういう考え方です。

つい最近まで残っていた方言を考えてみれば分かりやすいでしょう。

私は新潟県生まれですが、山形へ行ったら隣の県なのに言葉が通じませんでした。学生の頃、私は山形大学に行ったのですが、地元の学生たちが話をしながら笑っているのだけれど、何がそういうふうに面白いのか分からないわけです。

トーテムポールを立てた北アメリカの太平洋岸に住む先住民の人たちは、部族が１つではなく、いくつもあります。それで言葉が微妙に異なり、お互いの方言が通じません。そのために通訳がいるぐらいです。慣れれば言葉の構造は同じだからすぐに分かり合えます。

自分たちの勝手なイントネーションとかを選択していって、方言になっていくわけですから。

日本の縄文だけではなくて、世界のほかの地域などでも、ある程度現代にまで残っている言葉はあります。イギリスのウェールズ語などはそうでしょう。ケルト民族の関係です。だから、イギリス本土の西海岸にはウェールズの言葉がずっと残ってきていましたし、もう一度復活させようという活動もあるくらいです。今でもいろいろな表記が残っていて、ウェールズ語と英語の両方でやっているところもあります。

縄文の1万年以上の経験は、文化的遺伝子で現代にも伝わる

文化的遺伝子は言葉であると考えた場合、日本語はやはりそうとう変わっています。日本語は独特の個性を持っておりますが、これは歴史がずっとつながってきている何よりの証拠です。その言葉は縄文時代にまで軽く、さっと、何の障害もなく遡ることができると思います。

縄文が1万年以上の長きにわたって経験した自然との共存共生の歴史は、とても重要です。この間、縄文の力が培われ、文化を彩り、縄文文化の個性にかかわる数々の文化的遺

伝子が生み出されたことでしょう。

生命体としての縄文人は、遺伝子ＤＮＡによって継承されていきます。

一方、縄文文化の中で生まれ出た文化的遺伝子は、文化の中に沈澱《ちんでん》し、縄文人に刷りこまれて次世代から未来へと継承されてゆくことになります。

そのように予測してから、しばらくして、その文化的遺伝子は言葉であり、言葉以外の何ものでもないと確信するに至りました。文化が言葉を生み、言葉が文化をつくりだす相互作用を通じて現代日本文化にまでつながっているると見るわけです。

つまり、縄文文化の独自の個性、ひいては主体性と個性は、豊かな「大和言葉日本語」を生みだし、万葉語を経て現代日本語にまで導いてきたのです。

世界に５０００以上の言語の存在が知られ、それぞれに共通性、独自性が認められますが、とりわけ日本語は独特の個性を持ち、明らかに変わっているといえるでしょう。

その１つが前述のオノマトペ（擬音語、擬声語、擬態語）の豊富な発達です。その多種多様さと豊かさは、決して他の言語の追随を許すものではありません。

大和言葉日本語の特殊性、個性は、日本語独自の歴史と密接にかかわっています。それこそが大陸側の農耕ムラから出発する歴史がついに経験し得なかった、１万年以上の自然との共存共生の独自の歴史を有する縄文文化に由来するものと考えられるのです。

縄文1万年有余の歴史においては、縄文日本語で縄文人同士が言語活動をしていただけではなく、実は縄文人はそれぞれが精霊を宿す森羅万象とも言語活動を展開していました。春の小川がサラサラ流れ、風がソヨソヨ吹くのは単に耳に届く音を捉えていたのではなく、語りかけてきた川や風との対話なのです。まさに自然との共存共生にとどまらず、今や一歩踏み込んで「自然との共感共鳴」と言う所以《ゆえん》です。

縄文に根づいた自然との共感共鳴にかかわる文化的遺伝子は、加藤周一（評論家）が言うところの〝日本の原型〟、あるいは丸山眞男（政治思想史学者）の〝基底すなわち古層を形成する核〟として、その後も絶ゆることなく脈々と継承存続し、現代日本文化、日本人の心に息づいているのです。

第４章

現代より豊かな縄文の狩猟採集生活

狩猟採集経済における2つのレベル

縄文時代は狩猟採集経済の社会でした。これに続く弥生時代以降の農耕経済社会と対比するならば、基本的には縄文時代に先行するところの土器を保有しない旧石器時代以来の延長線上にあったということができます。しかしながら、その経済状態の内容、あるいは集団の大・小や居住形態の移動性、あるいは定着性などに大きな程度の差があります。

世界各地の狩猟採集経済の民族例を見れば、大きく2つのレベルに区別することができます。

その1は、タスマニアン、アフリカのカラハリ砂漠に住むサン人を典型とし、その2は、アメリカ北西海岸やカリフォルニアの先住民の例です。前者は食料を貯蔵せず、入手した食物はその日その場で消費しながら、次々とキャンプ地を移動していました。後者の特徴は、例えば鮭の燻製《くんせい》や乾燥、発酵などによる保存加工技術によって、年間の食料事情を安定させました。したがって特定の食物の枯渇する季節にあっても、その場所に定住し続けることができたのです。

土器の製作と使用が食料事情を安定させた

日本の旧石器時代は、カラハリ砂漠に住むサン人にほぼ匹敵する程度と考えられます。そして、縄文はアメリカ北西海岸やカリフォルニアの先住民諸族に見られるレベルに相当し、食料貯蔵穴を持ち、竪穴住居を営み、定着の程度も進んでいました。

旧石器時代の状態を凌《しの》いで、縄文経済がそのレベルを確保することができた主な要因は土器の製作と使用です。もっぱら煮炊きに用いられた土器によって、特に従来生のままでは食べることができなかった植物性の食料の種類が次々に開発されていったのです。

そして、縄文早期（約１万１５００～７０００年前）に貝塚の形成が始まり、食料対象物は飛躍的に増加したことが分かっています。

例えば神奈川県横須賀市の夏島《なつしま》貝塚では、縄文早期の最下層の第一貝層から二枚貝6種、巻貝12種、角貝2種とともに、マグロ、クロダイ、スズキなどの魚類15種が見つかっています。

旧石器時代以来、永らく陸上の動物、植物に求められてきた食料から、新たに海産資源へと眼が向けられたのです。海草類については、これまで全く遺存体の発見はありませんが、おそらく食されていたことは容易に推定されます。

縄文早期におけるこの事件ともいえる土器の誕生は、縄文経済の食料事情にとって画期的な意義を持つものといえます。そして、少なくとも縄文前期（約7000〜5500年前）にはドングリ類の高度な利用が始められており、さらに中期（約5500〜4500年前）以降にはアク抜き技術が駆使され、トチの実の利用などが加わっていったのです。

驚くほど多種多様な縄文の食料事情

このように縄文時代の歴史は草創期（約1万5000〜1万1500年前）に始まり、早期から前期そして中期、後期を経て晩期にいたる中で食料となる対象物を拡大し、食料化のための技術を開発してきました。

その結果、植物性の食料の遺存体は39種にのぼり（渡辺誠の1975年までの集成による）、さらにその後の福井県若狭町の鳥浜《とりはま》貝塚などにおける緑豆やヒョウタン、あるいは長野県下伊那郡豊丘町の伴野原《とものはら》遺跡などにおけるエゴマをざっと数えると58種以上にのぼります。最近では、小畑弘己らの研究でそれに大豆、小豆などが加わりました。

しかし、この中には当然食料としたと想定されながらも遺存体が発見されていないものは入っていません。このため、例えばユリ、ゼンマイ、ワラビ、カタクリの類や各種の若芽や若葉、きのこ類を加えれば、おそらくは３００種を軽く上回ると考えられます。

ちなみに、米沢藩家老の莅戸善政《のぞきよしまさ》が寛政12年（１８００年）に編んだ『かてもの』をはじめ、23書から集成した飢饉《ききん》などで食料不足に陥ったときの非常用の食料は、山野のもの２６３種、海草類16種、きのこ類１２１種に及んでいます。

一方、縄文時代の獣類については、シカ、イノシシを筆頭に、北海道ではエゾシカ、クマ、高山地帯ではカモシカなどの大型獣に加えて、タヌキ、キツネ、サル、ウサギからオコジョ、ムササビにいたるまで60種以上が捕獲されており、現在では絶滅種のヤマネコ、オオカミまでいたのですから驚きです。

海産資源としては、酒詰仲男は71種の魚類を集成しており、一遺跡で最も魚種が多いのは千葉県館山市の鉈切洞穴《なたぎりどうけつ》遺跡で、56種の魚類が記録されています。これは現在食用とされる日本近海および河川湖沼の魚すべてを含み、有毒のフグさえ好んで調理しているふうも窺《うかが》えるのです。

さらにクジラ類、イルカ類、トド、オットセイ、アザラシからカメ類にわたり、貝類は２５０種以上、そしてウニ類などが発見されています。

鳥類もまた、ガン、カモをはじめタカやツルにいたる20種類以上が食べられました。さらにサン人などに好んで食されている昆虫のサナギや幼虫類についても、縄文人の食指は動いたに違いありません。キクイムシ、クリの実に巣喰《すく》うクリムシにいたるまで8種を非常食になるとあげている研究者もいます。

ここにあらためて確認しておきたいのが、縄文人の食料が多種多様にわたっていることであり、このことによって縄文経済が特色づけられ、あるいは縄文の個性的な内容が決定されるのです。

もちろん、一縄文人が一生過ごす間にこれらの食料の全種を食べたことを意味するわけではありません。いわば、縄文文化の全体にかかわる財産というべきものです。なかには利用度が高いメジャーフード（中心的な食料）があり、稀《まれ》に利用される種類がある。時期によって、地域によっても、その食料の組み合わせには変化があったということになります。

しかし、メジャーフードの実際は、相当多くの種類の組み合わせからなるものであり、少数の種類に限定されない点に縄文経済の本質がありました。このことによって、特定種のみではまかなうことができないところを補給し、さらに不作の年あるいは不猟期間の食料を補完していたのです。

多種多様な縄文人の食料

〈哺乳動物〉
シカ、イノシシ、ツキノワグマ、カモシカ、タヌキ、キツネ、ニホンザル、ウサギ、アナグマ、オコジョ、ムササビ、ヤマネコ、オオカミ、テン、ネズミ……など60種以上
〈鳥類〉
キジ、ガン、カモ、ヤマドリ、ハクチョウ、アホウドリ、ミズナギドリ、ワシ、タカ、トキ、トビ、フクロウ、コノハズク、ツル、スズメ、モズ、ツグミ、ヤマガラ、ホオジロ ……など20種以上
〈昆虫類〉
イナゴ、ハチの子、キクイムシ、クリムシ、ゲンゴロウ、ザザムシ など
〈海獣〉
クジラ類、イルカ類、トド、オットセイ、アザラシ、ジュゴン
〈魚類〉
カツオ、マグロ、フグ、イワシ、タイ、サケ、コイ、アユ、ウナギ
〈貝類〉
アサリ、ハマグリ、ヤマトシジミ、カラスガイ、ハイガイ、アカニシ巻貝 ……など350種以上
〈海草ほか〉
海草類、ウニ類
〈ドングリ類〉
ドングリ、クルミ、クリ、トチ
〈植物性〉
緑豆、ヒョウタン、エゴマ (ユリ、ゼンマイ、ワラビ、ノビル、カタクリ、きのこ類)
〈その他〉
塩（縄文時代後期に製塩技術を開発） 土

北米先住民の場合でも、ナッツ類などの不作年の間隔が各々異なるところを、多種類利用することで、うまく調整しています。

動・植物に対する豊富な「知識」を持っていた

縄文人の食が、植物や動物性食料の多種多様な利用によって特色づけられ、決して数少ない限定された種類に偏ったものではなかったことは、もう1つの注目すべき重大なる意味を持っています。

植物であれ動物であれ、いかなる食料でも何もしないで簡単に確保できるわけではありません。例えば、ゼンマイは山中の湿地に群生して仲春（春の真ん中）のごく短期間の芽吹きに合わせて採取すべきものであり、ユリの球根は周りの大部分の植物がいまだ眠りから覚めきらない季節にユリの緑芽だけが地上にすっくと伸び出ますが、その頃合いが発見しやすいうえに、塊茎《かいけい》の鱗片《りんぺん》もおいしくなっているはずです。

また海の魚も、種類によって、浜辺に寄りつく季節が決まっていますし、砂地や磯《いそ》を好む魚や、丸木舟で沖合に漕《こ》ぎ出して釣りや銛《もり》で仕留める魚が区別されます。

つまり、食物とすべき動・植物の各々は、特定の場所と特定の季節の座標軸の中に固定されているのです。したがって、それぞれの種類に応じた座標を正確に把握しない限り、それを捕捉し、利用することはできないのです。

各種が棲息《せいそく》する場とは単なる物理的な空間ではなく、日当たりか日陰か、低地か高地か、斜面か平地か岩場か、森林か草原かというような生態学的な条件で決定されます。そのため、一度発見した特定種の食物の棲息場所を「記憶」するにとどまらず、むしろそうした生態学的な条件に適った場所を見極める「知識」こそが、その基本になければならないのです。

ウニはおいしい時期に食べていた

例えば、縄文人は日本近海の13種のウニのうち、少なくともその４種を食べていたことが分かっています。中でも多いのはバフンウニとムラサキウニです。

しかし、この両者の産卵期にはズレがあり、種類を区別したうえで、ぴったりの時期に採集しなければなりません。単にウニが食べられるものだという知識だけでは、せっかく海に潜って採ってきても、産卵期だったらウニに身がなかったり、味が落ちてしまい無駄骨となってしまいます。また、現代人がよく抱いている縄文人のイメージのように、ただがむしゃらに試行錯誤を重ねる毎日というわけでもなかったのです。

佐賀県唐津地方には、ウニを採るには「山ユリの咲く頃」が最も適当であるという言葉がありますが、これと同じように縄文にも正確無比な判断と知識があったのです。そしていつ、採集、捕捉するかについては、単に対象の動・植物に対する注意深い観察にのみ基づいて測るのではなく、万物全体の動静の中の位置から判断する、揺るぎない知恵があったのです。

佐渡島の小木町《おぎ》では「藤の花とタイ」、「桜とハチメ（メバル）」、「ヤマユリとアユ」の言葉があります。このように姿の見えない海中の出来事を陸に咲く花の顔色で窺い知ることの妙を思わずにはいられません。ここに縄文人的思考の真骨頂を見ることができます。

食料事情を安定に導いた「縄文カレンダー」と「縄文姿勢方針」

そして、これが近代以降の太陽暦あるいは近世までの農業社会に採用されてきた太陰暦とも異なる、もう一つの暦、すなわち「縄文カレンダー」の基本でした。

食料の対象物をはじめとし、各対象物を取り巻くほかの自然の要素との関係に対する正確な知識の蓄積によって、食料獲得が遺漏なく行われたのです。すべての行動の年間スケ

縄文カレンダー

（イラスト・木村政司）

縄文人は「縄文カレンダー」ともいえる、食料や自然との関係の正確な知識を蓄積していた

『縄文人の世界』(小林達雄、朝日選書、1996年）を一部改編

ジュールが計画的にリレーされる縄文カレンダーの完成へとつながりました。食料の多種多様化を促進し、その効果的な利用によって食料事情を安定に導いたそれぞれ重大な契機をなすものでした。

そしてこれは、自然を克服しながら発展してきたということを決して意味するのではなく、まさに自然環境への適応を深めていった歴史なのです。これを私は「縄文姿勢方針」と呼んでいます。1年間の運行は、1つ2つの基準でなく、複雑な要素のからみ合いの中から秩序を見いだして組み立てられた自然暦であり、この流れに沿って生業活動の詳細がリレーされていったのです。

縄文人が食料とした多種多様な対象物についての、単なる分類学上の知識にとどまらず、生態学的な、つまり他の複数のものとの関係の知識が、多種多様な食料を万遍なく利用することを保障していた。こうした知識こそ、弥生時代以降にしだいに忘れられていった、しかも重要な部分です。

物の後ろにある縄文人の生き様を見つける

縄文の文化、思想が現代につながっているという考え方は、私の重要な視点です。縄文の研究、考古学というのは、物を分析してそこから何かを探し出そうとする。物が好きな人が多いわけです。だから、なかなか物を離れて、物が語っていないところを読み取ろうとしたりしません。

例えば土器の研究をやっている多くの人は、土器が遺跡の中でどうあるかということはあまり気にしていません。土器そのもの、１つ１つの土器の大きさとか様式（スタイル）とかを比較検討して、広がりだとか流れを見ていくというのが考古学の基本なのです。ところが私は、遺跡の中で土器がどういうあり方をしているかというようなところに注目しました。

もちろん、若い頃から現場に行って発掘調査に携わってきましたが、あるとき、遺跡の中で土器がどういうあり方をしているかちょっと気になって、見てみたわけです。すると、縄文人は竪穴住居に住んでいて、その竪穴住居を捨てて、離れることがあります。すると廃絶された竪穴住居のくぼみが残るわけですが、そこに土器を捨てていたことを見いだしました。縄文人の行動の一端から、縄文の流儀があることに気付いたのです。

縄文人の行動が見えてくる

遺跡を地表から掘っていってよく見ていくと、さまざまなことが分かってきます。まず一番上の表土を剝ぎ取ると、その下から縄文人の捨てた貝が出てきたりします。その貝を取り除くと、また鍋底状にくぼんでいます。

ちなみに、鍋底状というのは中華鍋みたいな底の形です。昔の鍋はそうだったのですが、今は鍋の底は平らでしょう。私はずっと講義で鍋底状と言っていたのですが、あるとき学生にどういう形か分かるか聞いたら誰も分かりませんでした。だから、誰も分からないことをしばらくしゃべっていたわけです。

鍋底状にくぼんでいるというのは、周りから土砂が滑り込んできて鍋底状になる。だから、貝を取り上げると、土があってその下から土器が累々《るいるい》と出てくるわけです。そしてその土器を取り上げると、また鍋底状の土が出てきて、それを掘ると何も出てこなくなります。それで、竪穴住居の床面まで掘り進めていくのです。

つまりどういうことかと言うと、捨てられてからある一定期間、何もしていないので周りから土砂が流れ込んでいるわけです。そこに土器を捨てる。そしてその土器を捨てた後に貝を採るシーズンがやってきて、貝を大量に食べて、貝殻を捨てる、という順序が分かってきたわけです。私は「吹上《ふきあげ》貝塚」（埼玉県和光市）という所の調査でそれに注目して、「吹上パターン」と呼んだのです。

そういうものは縄文人の行動と密接にかかわるわけです。土器や貝を捨てる順序も決まっているという次第です。

土器を捨てる時期は決まっていた

貝を捨てているときには土器は出てきません。つまり、そのときは土器は捨てていない。土器を捨てているのは貝採りシーズンの前で、それまでに終わっているわけです。

その後、貝を捨てているときは貝だけが出てきたり、もちろんほかのものも出てくるのですが、土器が出てきてもかけらみたいなものだったりします。ところが、さらに掘り下げて、土器が累々と出てくるというときには、まだ使えるような土器、完全な土器が出てくるわけです。それが面白いのです。

実は土器は素焼きですから、ひびが入ったり割れやすい。そして土器にひびが入ると、そのひびの両側のところに穴を開けて、そこをひもでとじて修繕するのです。修繕してまで使っているくせに、まだ使える土器を捨てているというのは矛盾しているではないですか。

これが大事なのです。矛盾していることを見つけたら、そうとう核心に近いと見ていい。だいたい、矛盾しているということは何かと言うと、私たちとは別のことを考えているということです。われわれは現代の論理空間に生きているわけですが、われわれの論理空間から見ると理解しがたいし、矛盾しているわけです。

こんなにして丁寧に使っているくせに、まだ完全な土器をばんばん捨てるとは何事かと。しかし、それは縄文のやりようなのです。

つまり、器が割れたりひびが入ったりすると、今だったら欠けたら危ないとか言って、すぐ新しいものと替えるでしょう。そういうことはしていないわけです。ひびが入ったら修繕したり、大きく割れてしまったやつは、割れたところを磨き直したりして使うわけです。

そのくせ、まだ使えるやつを捨てているというのは、そのときは代わりの土器があるということです。だから、捨てているときは土器を作っているときなのです。

そして、その時期は決まっていて、普段はひびが入っても割れても、それを補充しない。

新しいものと交換しないで使い続けるわけです。そういうことが分かってきます。

そのようにして縄文人の生活サイクルみたいなものが明らかになっていき、その後、「縄文カレンダー」を提唱することになります。１９７０年代のことですが、まだ誰もそのようなことは考えていませんでしたから大きな話題になり、教科書やいろいろな博物館で使用されています。

縄文人の頭の中の季節と行動を結ぶ「縄文カレンダー」

縄文カレンダーは、季節と縄文人の行動をまとめたものです。

貝採りのシーズンというのは今と同じで、潮干狩りの時季です。海が遠浅になるので、そのとき一生懸命、貝を採るわけです。

それは冬が終わって、新しい食べ物を手に入れるという時期の最初の頃の大仕事です。

それから季節が巡り植物性の食べ物とか、魚とかをとるようになります。そのような季節に即した活動を繰り返すことで、そういうサイクルができてきます。

そして動物などの狩猟は、秋の終わりから冬がシーズンとなります。冬に向かって脂肪を蓄えていますからおいしくなるわけです。一方で林の中の葉っぱがみんな枯れて落ちると、視野が広くなって、獲物を見つけやすくもなります。雪が積もれば獣の足跡も追いかけられます。

いろいろな条件があり、それらを考え合わせていくと、縄文人の生活というのは行き当たりばったりではない、ということを「縄文カレンダー」で示したわけです。

例えば、貝殻を切断すると、貝には1日に1本ずつの成長線が確認できます。木の年輪は1年に1本ですが、貝は昼と夜の温度差の影響から1日に1本なのです。そして、暖かい時期には幅の広い成長線を、寒い時期には狭い成長線を刻みます。だからその成長線をカウントしていくと、どのくらい成長したものか分かり、採集季節を特定できます。すると、今の潮干狩りのシーズンとだいたい合っていて、その頃に一生懸命採っていることが分かります。だから、貝を採っていた海辺に近い縄文人は貝塚を残していますが、年から年中、貝を食べていたわけではないというのが分かってきます。

そうすると、土器を捨てているのはその前ということで、いろいろな活動のタイミングと季節とのかかわりを反映したカレンダーが決まってくるわけです。

縄文は自然との共存を深めて発展した

縄文時代1万年超の間、確かに縄文文化は絶えざる変化をとげてきました。しかし、それは、〈自然との戦いに打ち克《か》ち〉発展をとげたのではありませんでした。

縄文時代の進展には、いくつかの画期があります。

第1は、土器を製作して食物の煮炊きに用いることによって、食料対象物が拡大されたこと。これによって旧石器時代の経済から縄文経済への展望が約束されたのです。

第2は、貝塚形成の開始です。食料が陸上のみから、海水産資源にも及び、さらに食料対象が拡大されたことです。

第3は、アク抜き技術の獲得。特に大粒のトチの実については、縄文前期か少なくとも中期に定着した重要な食用化の技術開発です。

第4は、可食植物の一部栽培管理選択の定着。

第5は、イノシシの飼育の定着。

そして第6は、呪術、儀礼にかかわるところの、いわゆる第二の道具の出現です。中期以降、特に顕著となり、これによって第一の道具の機能が臨界点まで極められるための確信が得られたのでした。労働用具の一定の枠は、こうしてその機能を十二分に果たすことができるようになりました。

第7は、食料の対象物などと、それを取り巻くほかの自然の要素との関係を正確な知識として蓄積することによって、食料獲得がスムーズに行われていったことです。このことによって、特にすべての行動の年間スケジュールが計画的にリレーされる縄文カレンダーの完成へとつながっていくわけです。

こうした事件こそが、食料の多種多様化を促進し、その効果的な利用によって食料事情を安定に導いたそれぞれ重大な契機をなすものでした。そしてこれは、自然を克服しながら発展してきたということを決して意味するのではなく、まさに自然環境への〈適応を深めていった歴史〉なのです。

農耕がなくても豊かに暮らせた

縄文早期になると、地面を掘り込んだ竪穴住居を造り、土器を持って定着の度合を強めるとともに、集団の規模も大きくなっていきました。中央に広場を設けた縄文モデルムラが出現し、中部山岳地帯には、遺跡数も急増し、大規模なムラが出現します。

このため、単なる狩猟採集の縄文経済ではこれほどの社会は維持できないだろうから、縄文中期には農耕が活発化したのではないかという考え方をする人もいます。しかし、縄文経済を不当に低く見ているのではないでしょうか。あるいは、農耕社会が常に狩猟採集社会に対して優位に立つものであるという思い込みに基づいているのではないでしょうか。

私は何も、縄文経済に栽培は一切なかったはずだと主張し続けようというわけではありません。

緑豆やヒョウタンなど栽培の可能性が強いものも発見されています。最近では、それに大豆や小豆も加わりました。少なくとも、ムラの中や外縁では、食用植物が他の雑草よりも目をかけられ、管理されていたと見るべきでしょう。

私の少年時代、昭和の田舎の家には次のような光景が残っていました。

家の周りには、柿の木４本、クリの木１本、イチジク２本、ザクロ１本、クルミ１本があり、さらにフキが裏庭の一角を占め、前庭には抜いても抜いてもシソが絶えなかったし、タデ・ユリがありました。水回りにはクワイがあり、秋には家の裏の日陰に、軒端《のきば》からフキの群の中までアマダレゴケと呼んでいたキノコが、２～３年おきに密生し、食用できたものです。これにホウキ草も加わり、とにかく食べることのできる植物は、ほとんど手をかけなくとも、家の周りのそこかしこに群生していました。そんな記憶を持っている人も少なくないでしょう。

むしろ、芽が大きくならないうちに根を引き抜くことのほうが必要なほどで、怠ればたちまちのうちに落ちこぼれた実から成長した柿や栗の大木にとり囲まれてしまい、シソやホウキ草で玄関先が埋まってしまうに違いありません。

しかし、これは農耕ではありません。食用植物を管理していたということでしょう。縄文ムラにもエゴマや緑豆やヒョウタン、ユリやヤマイモの類からクリやクルミやドングリ類が取り巻いている景観を想定できます。ムラに運び込んだ木の実の落ちこぼれや、捨てた根から生命をふきかえしたものたちです。

縄文人が新しいムラに移り住み、そこが廃村となったあとは、自然林とは異なって、そうした種類が混成して周囲と容易に区別され、新しいムラから採集に来ることさえあったでしょう。そして、イノシシの飼育の光景を重ねるとき、果たして農耕の援助がどうしても必要となったのでしょうか。

アメリカ北西海岸の先住民族、サリッシュ族などでは、時々森林に火を放って焼き払ったりしていました。自然状態の針葉樹林は、食用の植物の種類が少ないので、こうして焼き払うと、ブラックベリーをはじめとするイチゴ類、そして豊富な野草や柔らかい木の若芽を得ることができるからです。また、新鮮なエサを求めて寄ってくるシカの姿も捉えやすく、とにかく特定の１つの場所でさまざまな食料資源が入手できるのです。

一方の農耕社会における焼き畑は、手続きの段階でこれと共通する部分がありますが、畑にした所に特定種だけを栽培する点に大きな違いがあるのです。

狩猟採集は１日２〜３時間の労働で余裕だった

縄文人は多種多様な食料を得ていた、と伝えてきましたが、比較的最近まで、狩猟採集によって成り立っている社会は常に飢餓状態にあり、人々は空き腹を抱えて食物を探し求めてさまよっていた――というようなイメージが支配的でした。しかし、これは間違いです。

人間は農耕や牧畜の採用によって初めて食生活の安定が導かれ、労働も節減され、コストも低く、レジャー時間も十分となってきた。そして、その延長線上にわれらの現代文明社会がある、とわれわれはつい最近まで思い込んでいました。しかし、アフリカ、オーストラリアなどの各地の狩猟採集民の研究から、そうした思い込みが真実から大きくはずれていたことが分かったのです。

狩猟採集民の多くは、一部の極北地帯や砂漠地帯を除けば、どこの地域においても豊富な食物を保障され、しかもビタミンやミネラル類の摂取など栄養的なバランスは、むしろ農耕民より安定していたのです。そして農耕民となった結果、異常気象や植物性食料の不作や豊作のサイクルなどによって、現代においても常に世界人口の3分の1が飢えに直面させられることになっています。

仕事時間についてみても、狩猟採集民だからといって何日も何日も獲物を追い掛けなければならなかったというわけではありません。

狩猟採集民のオーストラリアのアーンヘム・ランド族などでは、1日2~3時間の労働で2日分以上のカロリーを確保することができ、残りの時間はおしゃべりや昼寝、ゲームに費やすことができているのです。特にフィッシュ・クリーク族のグループは、2~3分の川魚漁で集団全体をまかなえるほどの豊漁が約束されていたことが分かりました。

それにひきかえ農耕民は、1日4~5時間あるいは年間1200時間以上もの労働時間を要求されるのです。しかも集団の構成員が可能な限り駆り出されることになります。それに対し狩猟採集民は、特に男性が何もしないで時間をもてあましていることが多く、総労働時間を比較すれば、ますますその差は大きくなるばかりです。

縄文人たちがどれだけ労働に時間を費やしていたかは、具体的に論ずるだけの手掛かりはありません。しかし、世界各地の狩猟採集民と特に大きな隔たりを示すものとは考えにくいでしょう。

もはやその日の食事のための仕事ではない

労働についてもう1つ重要なことがあります。それは、縄文経済を特色づける多種多様な食料の利用は、それだけ多種多様な労働作業が行われていたということです。特に、それだけ変化に富んだ作業を消化するには、相当計画的でなければならないでしょう。

とりわけ、主要な食料の狩猟や採集は年間スケジュールの柱として、季節の節目ごとに固定されていたのではないかと考えられます。また、特に食料を貯蔵したり、保存加工のための作業は相当の労働時間が必要とされますが、その仕事はその日の食事に直接つながるものではないのです。つまり、直接的な食事行動との調整が図られなければならないのです。

例えば、ドングリ類は秋に食べることよりも、食料の少なくなる冬の備荒食としても考えられ、それだけの量が十分に確保されなければなりません。さらにそれを貯蔵する作業が続きますから、ある期間の主要な労働は、その日の食事のためでなく、むしろ間接的作業となるのです。

また、1日の行動においても、例えばアフリカのサン人の経済レベルでは、食料の入手と食事の間が直線的に連続するのに対して、縄文人の場合は様子が異なります。土器で煮炊きする調理は、生食や焚火《たきび》に直接かざして焼く料理と比べて大幅に時間がかかります。特に多種多様な食料のうち、主要食料として重要な位置を占める、例えばドングリ類を食す場合にはさらに調理時間が長くなるわけです。それが粉食ならば、もちろんアク抜きをして製粉をする作業がまず前提としてあるのですが、その後さらに「粉を適量の水に溶いて→十分にこねて→相応の形に手捏《てご》ねられて→焼くなり、スープの中に落とされる」のです。つまり、空腹を覚えてから食事の準備をしたのでは、間に合いません。

おそらく毎日の食事時間は、ほぼ決まっていたのだろうと考えられます。

縄文時代には食事時間が決まり、その他の労働時間も適当に配分されて1日のスケジュールが成立していた。繰り返しますが、日ごとの労働スケジュールの計画性と縄文カレンダーに則《のっと》った年間を通じた計画性は、縄文経済の重要な特徴をなすものといえます。

「数」を認識していた縄文人

秋田県十和田湖の南にある大湯ストーンサークルは、特別史跡に指定され、これまでの発掘調査で、まるで縄文時代のデパートにたとえられるほど多種多様なものを出土しています。その中の１つに、土版が混在していました。

それは、薄い直方体。長辺５・８センチ、短辺３・７センチの、東日本で一般的な切り餅を思わせる簡潔なカタチです。ぱっと見ただけでは全体の印象はあくまで地味、ただ表面に円点が押捺《おうなつ》されているだけで、格別目を魅《ひ》くというものではありません。

ところが、ちょっと気を取り直して、あらためて注意深く見ると、それらの円点が重大な意味を秘めているのではないか、というただならぬ気配があるのです。

まずは、円点が口、目、乳房、耳、正中線を表現しているという解釈は、大方の一致するところでしょう。しかも、それぞれに「数」が重ねられているという事実に驚かされます。

このことについては、藤田富士夫（敬和学園大学）が丁寧、かつ具体的な観察所見を模

式的な図とともに提示しています。つまり、
1は、口に想定できる。

2は、両目表現に投影されている。

3は、左胸部（正面から見て）にかたまって見られる。

4は、右胸部に菱形を描くように円形刺突が4個配置されている。

5は、正中線として縦列に配置されている。

6は、背面部左右に3と3の円形刺突が配置されていて、計6個を成す。

7は、左胸の3個と右胸の4個の加算による。

8は、正中線の5個と左胸の3個の加算による。

9は、正中線の5個と右胸の4個の加算による。

しかし、これで一件落着というわけにはいきません。縄文人の思いに接近するために、さらに考えを推し進めていきましょう。

まず、手始めに労を厭《いと》わず、もう一度、円点のあり方から見ていきます。この土版には1から、2、3、4、5、6、7、8、9までの自然数列表記が、はっきり読み取ることができます。このことが縄文人の数に関する観念の基であり、数観念の入り口です。

実際、数1から9までがいちいち探し当てながらつないでゆかなくとも、労せずして容

前面

背面

大湯ストーンサークルから出土した「数を表す土版」
（鹿角市教育委員会）

1

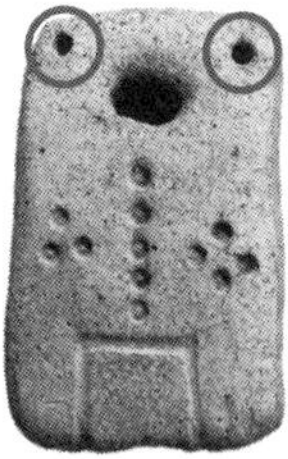
2（1+1）

3

4

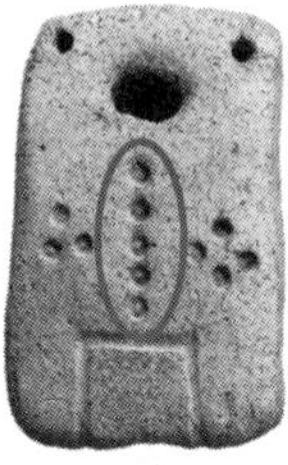
5

6（3+3）

易にたどることができます。しかも、それらはいちいちの数表現の配置によって人体モチーフを表現しています。まさに抽象的な数の観念とヒトのカラダの具体的なカタチとの、相異なる2つの認識の次元を1つに融合させた見事なデザイン感覚に唸らされます。

別の見方をすれば、1から9までの自然数の順序を、ただ単純に直線的あるいは曲線的に並べ連ねるのではなく、数をバラバラにほぐして1つの構造体にデザインしているところにこそ、注目しなければなりません。縄文人は、それほど、数観念のいささかの揺るぎない認識、そしてそれだけの数を自在に操るに足る必要十分な能力を身につけていた事実を如実に物語っているといえるでしょう。

このように、縄文人は数観念について並々ならぬレベルに達していたのです。

改めて、判明したことを整理すると、

その第一は1から9までの数列を1、2、3……という基本的な順序できちんと認識していたことです。この方法でいけば、9から10……以上の数が巧まずして続くことが予想できます。

しかし、縄文人にとっては、その先が20か、それ以上なのか、あるいは100か、はたまたそれを越えて無限の先まで続くことを視野に入れることができたのか。これを推測する術は現在持ち合わせていませんが、少なくとも「無限」の観念はなかったのではないかと思います。

無限と似たような観念があったとしても自然数列の延長線の無限概念ではなく、例えばこの世を踏み越えたあの世的な、そのような別の観念とかかわるものであったのではないでしょうか。

第二は、土版に表現された自然数列は、通常見られるような１に始まって次々と１を足しながら、２、３……と続くのではないことが示唆されています。つまり、２が１＋１、６が３＋３、７が２＋５、８が３＋５、９が４＋５となっており、決して３や４や５のように円点が一塊や一列にまとめられているのではありません。別の原理が働いているのです。つまり、２つの数が合算されている、数と数が足し算されているのです。

足し算は、引き算とオモテ、ウラの関係にあります。それ故、縄文人は数の扱いに足し算、引き算を頭の中で実践していたといえます。ただし、実際に２桁以上の場合の足し算、引き算をしていたかについて知る手がかりはないし、今のところ簡単には見つかりそうにありません。

縄文経済が終焉し、なぜ弥生を受け容れたのか

各種の狩猟採集活動をはじめとするさまざまな行動にかかわる縄文人の観念は、呪術《じゅじゅつ》や儀礼とも関係し、さらに儀器や呪術具と具体的に結びつきながら縄文人としての主体性を確立するとともに、縄文カレンダーの中に自らの位置を固定していきました。この縄文カレンダーこそ、〈縄文人の野生生活様式を維持する社会的機能〉を有したものであり、行動の規範となるべきものでした。この規範に裏打ちされた縄文経済は、縄文世界の形成と安定を導くものでした。

しかしながら、やがて弥生文化の農耕を受け入れていきました。このことは、単に時とともに縄文経済から弥生経済へと変わったという問題にとどまらず、2つの文化の対立にかかわる歴史的大事件です。

世界史的に見ても、農耕は人口の増加に適応してきた長い歴史的過程の中で、旧大陸と新大陸のごく一部の地域で、たった1度だけ採用されたにすぎません。他の多くの地域では、むしろ自然への適応を深める縄文のような進展の方向を取りながら狩猟採集経済を維持し続けてきたのです。それにもかかわらず、そうした社会が農耕経済へ変化したケース

を見ると、いずれもが決して自発的あるいは内部的な動機によるのではなく、多くの場合、先行農耕社会からのさまざまな形での干渉を蒙《こうむ》った結果によることが分かります。

かつて、アメリカ先住民やオーストラリアのアボリジニが自らの意志に反して植民者社会に組み込まれていった事実を振り返るまでもなく、現今のいわゆる発展途上国がどれほどの自発性によって先進国に傾斜していこうとするかを重ねて考えてみることができます。

縄文から弥生に変わったとき、そこに何が起こったかを見極める必要がある所以《ゆえん》です。

第5章

縄文記念物の心は、現代にまでつながっている

縄文人の空間認識《スペースデザイン》

定住基地のムラは、家族単位のイエの設営に適した空間の確保に始まり、やがてムラ生活に必要あるいはムラ生活を便たらしめる各種の施設が設けられていきました。食料の貯蔵施設（貯蔵穴など）、共同墓地、ゴミ捨て場、公共的な広場などです。それらが次第に計画的に配置されるに従って、いよいよムラ空間は自然には全く例《ためし》のない様相へと大きく変貌しました。文字通り縄文人による人工的空間の創造です。

こうして、ムラ空間は自然の中に地歩を確立し、あからさまに自然に対立し、その存在を主張するに至りました。そして、ムラとムラの周囲に広がる自然との対立の図式は、感覚的な印象に留まらず「ムラ＝ムラのウチ」、および「ムラのソト＝ハラ」を区別する言葉とその概念を生み出す契機となった可能性が極めて高かったと考えられます。

このムラ・ハラの概念は、さらにヤマやソラというような言葉と概念を誘発したのではないでしょうか。

生活の根拠を置くムラは、生をうけ、育ち、死を迎える場所であり、あらゆる行動の起

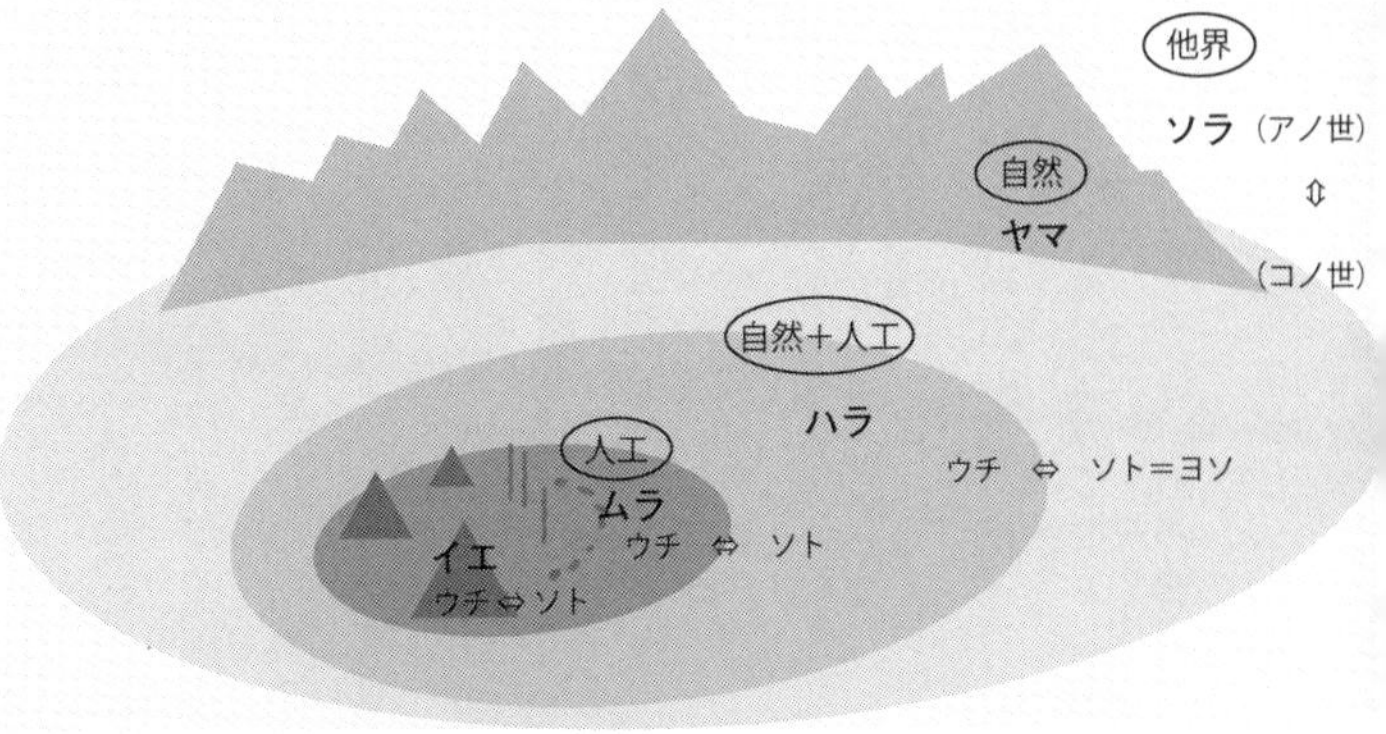

縄文人の空間概念（ムラ・ハラ・ヤマ・ソラ）

点および知的活動の舞台です。一日の昼夜はもとより年間、そして縄文人の一生を通じて最も多くの時間を過ごす場所でした。だからムラの隅々までお見通しの近景として、身も心も馴《な》じむものがあり、ムラの外のハラは中景、彼方《かなた》の山並みは遠景、そして背景のソラがうち揃って遠近法の構造が成立するのです。

ハラの風景

縄文人にとってハラの広がりは中景となります。また、視界を遮るヤマもまた単なる遠景ではなく、しばしば景観を区切りながら異空間との境界となり、ナニモノカの世界への入り口となります。とりわけ左右対称の円錐形のヤマは特別に目がかけられます。富士山・三輪山をその典型とする各地の相似形のヤマであり、それらは均衡がとれて視覚的に好ましいランドマークとするにとどまらず、むしろ霊性を備えた重鎮に祭り上げられるのです。カンナビ（神奈備）と呼ばれる所以《ゆえん》です。つとに大場磐雄の神道考古学に示された重要な概念であり、その後続いて縄文の世界にもその存在が指摘されました。

この神奈備山が縄文人の風景創りの主役を演じながら、歴史の中に生かされていきます。つまり、神奈備型のヤマを擁する風景は他をもって替え難い個性によって、縄文人の心性に迫り、それに馴れ親しむうちに、ムラおよびその一帯に個性的で確かな場所性（トポフィリア）を生み出すのです。彼らが風景の中に据えつけた神奈備山はあたかも能舞台の正面の鏡板に老松を描くのに相当するがごとくです。ムラから旅に出て戻ったとき、そのヤマの姿が見えてくるや懐かしさを実感し、ほっと安堵《あんど》し、癒《い》やされながら、あらためてオラがクニを意識し、自らのアイデンティティーを確認できるわけです。

縄文人はその山の存在に気づいてから特別な感興を意識して、聖なる山として仰ぎ、はたして登山さえも試みていました。相模大山《さがみおおやま》、蓼科山《たてしなやま》、三ッ峠山頂より土器や石鏃《せきぞく》の出土例があり、なかでも白山《はくさん》の独鈷石《どっこいし》、八幡平《はちまんたい》の石刀などいわゆる祭りにかかわる第二の道具は、ヤマの聖性あるいは山頂における祭祀《さいし》儀礼と具体的に関係していたことを物語っています。

二至二分

昼夜を分かつ日の出・日の入りの位置は固定してはいません。春分・秋分には太陽は真東から上り、真西に没し、春分が過ぎると北寄りに移動していき、夏至には北の限界に到達します。夏至に続く日々は南へと位置をずらしながら秋分に至り、それからさらに南へと移動して、ついに南の限界を極めて冬至となります。

縄文人が、この太陽の動向進行を正確に認識していたことは紛れもない事実です。しかもその日の出・日の入りの位置を山並みのシルエットに沿って追跡しながら確認していました。そうして、二至二分が件《くだん》の神奈備型の山頂にぴったり乗って見える地点を探し当てていました。その場所にムラを営んだり、後述の記念物を造営したりしているのです。

東京都下、多摩丘陵に大規模で長期にわたって継続する縄文中期のムラが、富士山を目指して一直線に並んでいる興味深い事実が明らかになっています。しかも、冬至の太陽がその富士山の頂上に沈み、そのとき頂上に輝く放射状のビームいわゆるダイヤモンドフラッシュを目撃することができるのです。まさに縄文人が二至二分の知識を踏まえつつ富士山を取り入れて独自な風景の創造に見事成功している実例として注目されます。

記念物の造営

縄文人の所業には、われわれ現代人の論理空間ではとうてい理解できない、得体の知れぬことどもが少なくありません。記念物（モニュメント）はその最たるものの1つです。それは、ムラ空間に設けられる日常生活と確かにかかわる諸施設とは大いに異なる代物です。まず、規模が桁外れに大きく、それ故に目立ち、相当距離をおいても視認できる特色があります。それだけにその造営には大勢の動員を要するばかりか、個人的な努力を超えた社会的な組織力を前提としなければなりません。また工事期間も通常の竪穴住居の建設の比ではなく、年月を数えるにしても、10年あるいは１００年単位の継続を示唆する事例も決して少なくないのです。

記念物の種類はストーンサークル、巨木柱列、土盛・土手などに三大別されます。

ところで、記念物のどれにも日常的な生活との直接的なかかわりを見いだすことはできないところにその不思議があります。膨大な年月を費やし、大勢を動員しているのにもかかわらず、とにかく腹の足しにはならないとは、一体いかなることでしょうか。われわれには理解できない縄文人特有の言い分があったと、ひとまず考えておくことにしましょう。

とにかく、腹の足しになるかならないかを基準として物事を考えるのが現代論理とすれば、縄文人には全く相容れない別の価値観が縄文論理空間内に厳然と存在したことを意味すると考えなければなりません。それはきっと縄文人の心の足しになるナニモノカが存在したに違いないということです。

記念物には通常のムラに見られる日常性にかかわる土器、石器とは別に、土偶、石棒、石剣など縄文人の観念にもとづく第二の道具の種類が出土する場合が多くあります。つまり、記念物は祭り、祈り、儀礼にかかわる場であり、第二の道具はそこでとり行われた祭祀具と推定されるのです。つまり、ムラが日常性の場（「ケ」）とすれば、記念物は「ハレ」の世界、優れて聖なる空間であったのです。

記念物造営の場の聖性をさらに聖性たらしめ、しかも聖性にとって極めて重要な役割を演じていた可能性を持つ仕掛けがあります。それは、前述の二至二分の原理が、記念物の選地や記念物の設計に密接にかかわっていたという事実です。

つまり、二至二分と神奈備型のヤマとの関係が、記念物の選地、設計においても重要な意味を持っていたのです。

事例1　秋田県大湯環状列石（縄文後期前半）

代表的な環状列石（ストーンサークル）であり、国の特別史跡に指定されています。直径約40メートルの万座と野中堂の2つが並んでいます。それぞれの内側に「日時計」、中央に「へそ」と呼ばれる組石があります。それら四点の位置は南西を中心軸とする一直線上に正確に乗るように設計されています。そして、夏至の日没をその延長線上に望むことができるのです（川口1956、小林編1996）。また、ストーンサークルの場所から東方の中景に黒又山（クロマンタ）の神奈備型のヤマ姿があります。

事例2　山梨県牛石遺跡（縄文時代中期後半）

直径約50メートルのストーンサークル。真西の三ッ峠山は、その名の通りの三峰で、春分・秋分の日没が中央の頂に沈み、みごとなダイヤモンドフラッシュ現象が目撃できます。また、この都留市の盆地は四周を屏風のように山並みが囲み、富士山のお膝下でありながら秀峰は遮られて残念ながら仰ぐことができません。しかしながら、このストーンサークルの場所だけが特別で、富士の頂上を垣間見ることができ、しかもこの場所を少しでも外すと隠れてしまう位置を占めているのです。縄文人は、三ッ峠山の春分・秋分の日没を望み、しかも富士が顔を出す微妙な地点を探し当て、そこに記念物を造営することに成功したのです。彼らのしたり顔が目に浮かぶようです。

事例３　青森県大森勝山遺跡（縄文晩期前半）

直径約50×35メートルのストーンサークル。ストーンサークルの造営とその思想が縄文時代末まで継続していたことを物語っています。南西に延びる舌状台地上に営まれ、南西真正面に岩木山が立ちはだかり、冬至の日没が頂上に落ち、ダイヤモンドフラッシュで輝きます。

事例４　青森県三内丸山遺跡（縄文中期後半）

巨木柱列の記念物としては最大級で、直径約１メートルの栗の巨木を３本ずつむき合わせて６本立てています。木柱の約２倍の直径約２メートル、深さ２メートルという大規模な掘り方は、立てた柱が揺るがず安定させるのに必要だったからと推測されます。現在復元された柱の高さ14・７メートルはそうした事情を踏まえてのことです。

柱間は４・２メートルの等間隔。縄文尺約35センチメートルの倍数に相当します。この通称６本柱は、３本１列を単位とする２列構造に重要な意味があったのです。つまり、その中軸、東北／南西の方位は、夏至の日の出と冬至の日の入りを指し、１年に２回柱列のど真ん中にダイヤモンドフラッシュの神秘的な光景を演出する設計になっているわけです。また、東の遠景に高森山、西に岩木山の神奈備型を望むことができます。

なお、この6本柱に屋根を架けた高楼風の建物と見る人士が多いのですが、筆者小林は大反対、同意できません。夏至・冬至に合わせている縄文人の思想を重視する見解をあらためて主張します。それ故、公開中の3層の床貼り復元案にも賛成できないのです。

縄文の伝統的心が神社につながっている

縄文人の世界観の一部が、縄文の風景創造や記念物造営によく反映されている事実を概観しましたが、縄文時代の終焉とともに消滅したわけでは決してありません。ハラにおける1万年以上もの自然との共存共生を通して刷り込まれた文化的遺伝子が、コトバに込められて、弥生、古墳時代から古代、中世を経て近現代まで継承されてきているのです。それが神道的世界観、日本人の言動のはしばしに見え隠れしています。

それは時に縄文ムラに寄り添うかのごとくに神社が隣り合っている場合などに象徴的に表れていると見ています。

そうした様子を相模国《さがみのくに》（神奈川県の一部、東海道のエリア）に焦点を絞って少し詳しく紹介しましょう。

ここは縄文中期の大遺跡が多く、いかにも活況を呈していた地域の1つで、縄文人の物質文化だけでなく、精神文化・世界観もまた十分に行き渡っていたと見ることができます。

大山の山頂に土器を運び上げた縄文人

この地には、特別な環境世界があります。つまり、秀峰富士と並んで、もう1つの神奈備山である、大山《おおやま》（伊勢原市ほか）があるのです。縄文人はこの二山を日常的に目の当たりにしながら、自らの風景づくりの重要な要素として採り入れています。

大山については、日本一の富士山に到底かなわないのにもかかわらず、縄文人は単に仰ぎ見るだけでなく、こともあろうに頂上まで登っているのです。標高1252メートルを整備された登山道なしに極めるには、並外れた頑張りを要したはずです。

あまつさえ手ぶらでも容易でないのに、大山の山頂に土器を持ち運び上げています。確かに石鏃《せきぞく》（やじり）やその他の石器が山頂から出土した例は決して少なくはありませんが、素焼きで脆弱《ぜいじゃく》な土器なのです。気紛れの思い付きではなく、心底から登山の意思を抱いた確信犯であったといわねばなりません。並々ならぬナニモノカに衝《つ》き動かされた事情があったのでしょう。

ようやく頂上に達しても、特別な食物や資源があるはずもないところです。われわれが知るよしもない、彼らにとっては骨折り損のくたびれ儲けでは終わらない深い意味があった。大山の存在がそれほどに大きかったというわけです。

特別な場所にイエを構えた

ところで、富士山にしろ、大山にしろ、実際の見え方は場所ごとに千差万別です。中にはかろうじて頂上が顔を出している程度や、周囲の景観に邪魔されて容姿が損われる場合も少なくありません。むしろそうしたケースのほうが圧倒的に多いでしょう。

そんな中で、みごとな左右対称の全体をそっくりそのまま眺めることのできる地点はごく限られます。そこに立つと思わず感嘆の呻き声を漏らしてしまうほどの絶景の地。縄文人がそうしたビューポイントを発見し、ムラを営み、その場に固執するのも確かに頷《うなず》かれます。とりわけ、そのビューポイントが二至二分の日の出・日の入りに重なるとなれば、感興をかき立て、聖性はいやが上にも高まります。

その典型ともいえるのが、神奈川県寒川町の岡田遺跡です。

寒川町岡田遺跡は、後に触れる寒川神社の東方約1キロメートルにあり、縄文中期の環状集落が3つ集中しています。そのムラは、発掘されただけで竪穴住居跡358軒が見つかっていて、数百年にわたって建造、廃絶が繰り返されながら、未発掘部分を含めて実数は1000軒を下らないものと推定されます。とりも直さず、そこが単なる地理的な地点を超えた場所性と関係していたからです。

つまり、はるか真西には富士山があり、春分・秋分にはその頂上に没する日の入りを望むことができるのです。さらに、夏至には大山への日没を拝することができるのです。

ほかにも、この地域にある厚木市恩名沖原《おんなおきはら》遺跡、伊勢原市の西富岡《にしとみおか》・向畑《むこうばた》遺跡、秦野市の曽屋吹上遺跡、伊勢原市の池端・金山遺跡などは、富士山の春分・秋分の日の入りを望むことができます。（201ページ地図参照）

弥生時代の集落でも富士山との関係性は続く

縄文に続く弥生時代に入っても富士山に格別な関心を寄せている事例があります。

神奈川県綾瀬市の神崎《かんざき》遺跡は弥生中期の大集落です。周囲に深い堀を巡らした環濠《かんごう》集落で、東海系（愛知県東部から静岡県西部）の土器様式を大量に保有しており、文化交流の基地としての性格も持っていたと考えられています。

この神崎遺跡からは、春分・秋分の日の入りが富士山の北の裾野《すその》と前面の山並みが交わる位置に落ちてゆくのが見える、山頂ばかりではない代表的な事例となります。

古墳時代の遺跡と縄文遺跡

古墳時代の相模原市勝坂有鹿谷《かっさかあるかやと》祭祀遺跡は、縄文時代とのつながりを残しています。ここは、今なお台地の下から湧き出る涸《か》れることのない泉を抱え、日常生活とは異なる、いわゆる多種多様な祭祀関係遺物を出土しています。なかでも子持勾玉や鏡は出色というべきものです。

この祭祀遺跡は相模国最古級の有鹿《あるか》神社の旧社地と伝承されており、古墳時代の聖なる祭祀の場が神社の成立にかかわっていたことを示唆しています。そればかりではなく、この低地の上には縄文中期の勝坂遺跡があるのです。

つまり、有鹿谷祭祀遺跡は後世の有鹿神社だけではなく、その前身に2000年以上遡る縄文時代以来の根強い伝統の上にあったわけです。

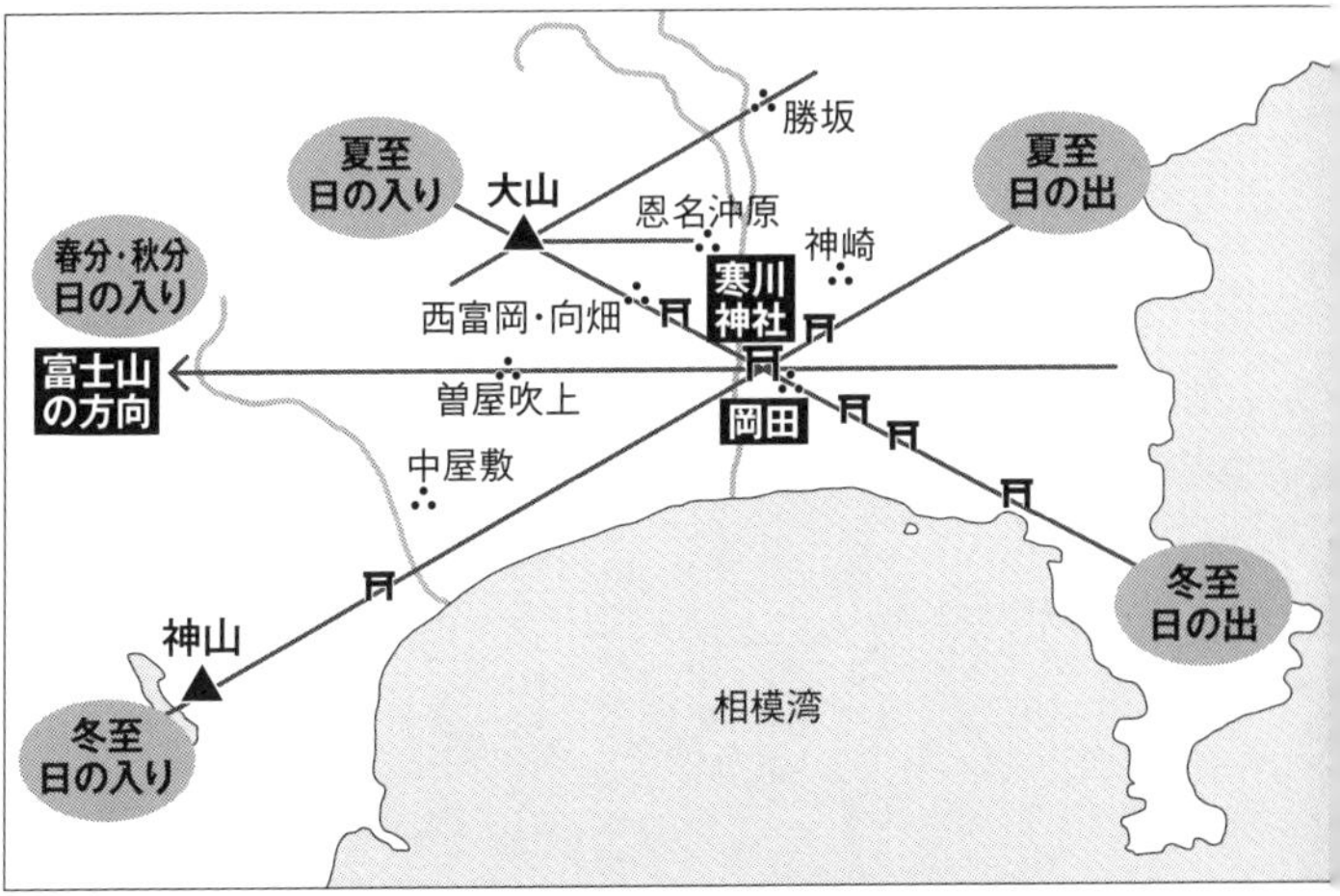

寒川神社を中心とする神社の配置と遺跡
（向井・石川1984をもとに作成）

そうした、縄文、古墳、古代を結ぶ、目には見えない絆《きずな》もさることながら、精神世界の象徴としての風景が重要な鍵を握っていたのではないかとも考えられます。つまり、この地から望む大山の左裾野に冬至の日が沈んでゆくのです。敢《あ》えて換言すれば、長い歴史を終始一貫する大山とのつながり、冬至のまつりとのつながりと見ることができます。

なお、式内社と富士・大山との方位の関係についての注目すべき先駆的な研究として、向井毬夫・石川邦夫『古代相模の方位線』があります。

富士山と大山を風景に取り込む寒川神社

ところで、寒川神社は既述の縄文時代の岡田遺跡に近接して、ともに春分・秋分に富士山頂に沈む夕日を望むとともに、夏至の日の入りが大山に当たるのを見ることのできる場所に位置しています。つまり、富士山・大山という典型的な神奈備山を風景に取り込むことができたばかりか、それぞれが二至二分の日の入りの方位に合致するという僥倖《ぎょうこう》の地なのです。これほどの地を探り当てるのは容易なことではありません。寒川神社が相模国式内社十三座のなかで高い社格を誇る、一の宮であるのもけだし当然といえるでしょう。

また、寒川神社が富士山と大山の二至二分の方位の中心であるほかに、それらの線上には、図のように複数の神社が乗っていることが注目されます。複数の神社などが共通の風景の中にしっかりと位置している。まさにこの地域にあって、寒川神社が風景構造の中心的な意味を持っていたといえるでしょう。

神道の日本的心の始まり

このように、縄文的伝統の心が、弥生・古墳などを経て、古代まで連綿と継承されている事実の一端を紹介しました。神社成立はそれほどに根深い伝統に由来するものだったのです。

神社は言うまでもなく縄文時代にはありません。弥生、古墳時代にもありません。それは古代に新しく登場したものだからです。

その契機は、中国伝来の仏教の力とその影響に関係しています。仏教は日本の風土には絶えて見ることのなかった高邁《こうまい》な宗教的思想の侵入です。しかも寺院の建立を伴って急速に普及し、土着の思想を圧迫しました。とりわけ縄文以来の環境世界に割り込んできた新顔の寺院は目立ち、のさばり、風景を変えさせるほどの力を発揮しました。変化をもたらす違和感はそのまま容認し得るものではなく、解消あるいは緩和しようとする対抗意識をかき立てずにはおかなかったはずです。伝統的土着思想への回帰を促し、具体的に神社建立の実現へと働いたとみることができます。

そうした神社の建立は、新たに探し求められたのではなく、それまでの伝統的な精神世界の中に定着し、維持されていた由緒地こそふさわしいものでした。そこは、これまで見てきたような山を仰ぎ、二至二分とも同調する特別な土地、聖なる場所です。そこは人の生活舞台と精霊の世界との結界を意味し、神社はその標識《シンボル》となったのです。

神社という新しい装置によってあらためて土着思想の主体性を確立し、仏教の風潮に飲み込まれることから逃れた。少なくとも仏教の一方的な蹂躙《じゅうりん》をすり抜けて、共存共生の道行きを実現したのです。

仏教は寺院に僧侶《そうりょ》を擁する強固な体制を整えていました。神社もまた土着思想の標識にとどまらず、神社を維持、管理する役割を演ずる神官・宮司が定着することになります。しかし、それだけでは仏教の教義、宗教的心に抗すべくもない。こうして仏教の教義に対抗しようとする状況から生まれたのが神道です。しかし、在来の伝統は仏教に匹敵する高次の教義を掲げるに足る基礎力は端《はな》から持ちあわせていませんでした。むしろ、ハラにおける1万年以上の自然との共存共生を旨とし、自然に対する関心を寄せ続け、相互の交感を旨とする方向に従うものでした。

そして、ついに独自の教義の発達よりは魂を持つ草木をはじめとする万物、すなわち八百万神《やおよろず》と共存共生する神道的心に沈潜し、日本的心の形成の基層となったのです。このことが仏教との正面衝突を避け、あるいは仏教と競合することなく、今日に至るまで仏教との共存を可能にしたのだと思います。

「縄文世界から神社まで」『日本の聖地文化』（創元社、２０１２年）を一部改編

エピローグ

「自然と共生した」縄文と「自然を克服する」大陸文化

縄文時代は年代的にはヨーロッパ、あるいは中国大陸側の新石器文化とほぼ並ぶのですが、非常に大きな違いがあります。大陸側の新石器文化というのは、農耕を契機にして大きく飛躍していくのに対して、繰り返しますが、縄文文化は農耕とは無縁でした。

縄文の農耕を認めようとする研究者もおりますが、私はそういう見方をしておりません。農耕とか栽培とか農業とか、この辺はきちんと区別しておく必要がありますが、縄文は農耕とは無関係です。いろいろなものを栽培はしていますが、栽培イコール農耕ではありません。

しかし、農耕がないということで、縄文は欠点だらけの新石器、あるいは新石器の劣等生だというような見方を長い間されてきました。日本の研究者の大方の理解だったと思います。苦し紛れに東アジアの環境に適応した特殊な文化である、と言ったりもしていました。

自然と共存共生していた縄文のありようと対照的に、大陸側は農耕が始まってムラがつくられ、そして新しい西洋的文明への足取りが高らかに鳴り渡るようになるのです。

大陸側のムラの周りはハラがありません。ハラがあると、それを目の敵にして競って開墾しようとします。そして、そのハラを全部人工的な空間に塗り替えていきます。ハラのままでは許されぬ。ハラのままは、それは遊休地であると見なすのです。あるいは経済的な効率がそこに潜んでいる、いや、役立てていないではないかと言う。それで徹底的にハラをいじめていくわけです。少しでも農耕地を増やそうとする活動がそこに展開するわけです。その考え方、捉え方が、日本と大陸との最大の違いです。

繰り返しますが、日本列島の縄文文化の場合は、ムラの周りはハラでした。大陸側はムラの周りはノラでした。野良仕事のノラです。ノラというのは、人工的なムラの外にあるのですが、やはり人工的な機能を持った耕作地のことです。ノラは開墾の対象であって、縄文のハラのように自然のままに利用する対象とはならない。われわれは、これまで本当に大陸側のムラの歴史を習ってきたのです。「人類は自然を克服しながら、文化を築いてきた」というのは、ムラとノラの関係になってからなのです。自然との厳しい戦いを戦い抜いてここまで来たのだ、人類の努力と力というものはたいしたものだと。

私も中学生・高校生の頃は、なるほど、そうだなと思って習ってきましたけれども、果たしてそうでしょうか。

日本文化の原点には本来そういう考えはありません。それをやりだすのは弥生時代以降です。日本列島で農耕が始まるまでの1万年以上の間は、その他の文明先進国がどこも体験することができなかった自然との共生を体験してきているのです。

「縄文姿勢方針」というのは、自然界の多種多様なものを利用することによって、生活の安定を確保するものです。一方の農耕というのは、ごく少数の限られた栽培作物に手間ひまをすべて投入して、増収を図って、そして安定しようとする。それが現代の経済までずっと続いているわけです。

ですから、日本的観念、日本的姿勢というのは、もともとほかの国とは基盤が違うのです。大陸的な姿勢とか考え方とか、そういうものとはもともと違うのです。つまり、農耕ムラは、自然との戦いの最前線として、縄文ムラが共存共生関係を維持し続けたハラと対《たい》峙《じ》したのです。縄文の特性がムラとハラとの関係維持に由来することの意味がここにあります。換言すれば、1万年以上にも及ぶハラにおける縄文人の体験を、農耕ムラは全く未経験のまま自らの歴史を展開したのです。

自然を征服し続けたなれの果てが今

1万年以上もの間、自然との共存共生が続くこの縄文と、大陸側のムラの、少しでもハラ的空間があればそれを開墾してムラに変えようとするそのやりようとは、全く裏腹のものです。つまり縄文人がムラの周りに展開するハラと共存共生を1万年以上にわたってやってきたのにもかかわらず、そういう経験は大陸側にはなかったのです。ただちに自然との対決姿勢に入っていく。人間が、自然と征服戦争を始めるわけです。その中から四大文明が生まれていき、それが西洋的な歴史観につながっていくのです。

それこそが典型的な正しい人間の歴史だった、というふうにわれわれはずっと思ってきたわけです。

そのなれの果てが、現在のわれわれが身を置いている現在です。

もう後戻りのできないような深刻な局面を迎えていながら、われわれは手をこまねいているというか、もっともっと原発を増やそうとしたり、いろいろなことをやっている。それは、縄文人類学思想には思いもよらないことです。もしかしたら核戦争が現実のものとして起こるかもしれないというような、そういう状況を自らが選んでわれわれは迎えているわけです。

われわれが必要なもの、例えばお金はまた別のやり方で確保し、経済活動は別のやり方で活発化していく。それしかないのではないかと思っています。役に立たないものを作る。そこにものすごい労力と時間を投入していく。お金儲《もう》けのことなんか考えなくてすむような、そういうもの。今なら、そういう分野がまだ残っている余地があります。

地球には、大恐竜時代というのがありました。なぜ恐竜が滅んだかは謎になっていますが、みんな滅びていきました。

自然の歴史が教えてくれるのは、地球上に現れたあのすごい、すさまじい恐竜でも姿を消していったということです。個体ではなくて種《しゅ》においても、やはり個体と同じように寿命がある、人間という種にも寿命があるのです。それを大切に先延ばしにしようとすれば、できるのです。けれども、それを諦《あきら》めて、そして核だとか何だとかというところに走る。自らの種の寿命がそろそろ尽きるかもしれない、というようなことについて考えなくてはいけない局面に来ているのに、そういうところに考えは及びません。

われわれは縄文時代、あるいは世界の先史時代のことを眺めておりますけれど、世界の、あるいはわれわれの身近な縄文文化から、今の時代の私たちの生き方をもう一度照らし出していく必要があるというふうにつくづく思います。

おわりに

われわれが身を置く現代日本は、世界の中にあって極めて個性的であることは、自他ともに認めるところである。その理由は一にかかって文化の根っ子に1万年以上の永きにわたる縄文文化の原体験があったからにほかならない。その通り、縄文は約3000年前の遠い昔に、いったんは幕を閉じたものの、決して縄文の万事が終息したのではなかった。縄文の哲学思想は、数々の文化的遺伝子とともに脈々と今に生きながらえてきているのだ。

確かに縄文文化と向き合っていると、ついその魅力に吸い寄せられ、それがまたうれしい。だからと言って、縄文は世界に冠たる文化であり、世界四大文明に優るとも劣らぬほどである、しかるが故に、これからは世界五大文明の一角に並び称されるべきだ。それを大真面目に、しかもあろうことか、呟《つぶや》くというよりも、声張り上げて宣伝に相努める文明批評家が出現して、一部でもてはやされている。しかし、それはまるで料簡が違う。

縄文は文明ではない、文化である。縄文は日本列島の風土（和辻哲郎）、場所性＝トポフィリア（イーフー・トゥアン）を舞台として繰り広げられた文化なのである。文明は人類が地球上でものした技術的・物質的な所産であり、文化は芸術的・宗教的所産であり、相互に対極にあるのだ。文化と文明をさほど区別せずに、適当に使いこなす場面がないわけではないから、それをいちいち論《あげつら》おうとする心算《つもり》はさらさらない。しかし文化あるいは文明を大上段に振りかざして議論する際は、その差異を厳密に心得た上でなければならない。茶飲み話では許されてもだ。

そもそも文化に高低なく、個性の特殊性、主体性がある。かたや文明は地理、風土、場所性を超えた普遍性があり、高低や先進性・後進性の評価を許す。だから縄文は技術的・物質的な観点から見たり、弥生時代を凌《しの》いで世界的な文明に伍《ご》して高低を競える性質のものではない。

ところで縄文と言えば、たちまち縄文土器を思い浮かべるほどの存在感がある。岡本太郎が絶賛したほど、筆舌に尽くしがたい造形美で輝いている。しかしその芸術性だけではない重要性がある。つまり、縄文土器は器《ウツワ》として製作されながら、ウツワの機能とは無関係な大仰な突起を付けたりして、全体のプロポーションは見事という一言に尽きる。

突起はウツワにとって無用の長物というよりは、むしろモノを出し入れするには邪魔である。それなのに平然と自らの造形方針を崩そうとしない。つまり縄文土器はウツワにしてウツワの本分をわきまえることなく、逸脱しているのだ。これを過剰な装飾と見る研究者も多いが、そもそも縄文人は装飾性を追求して表現したりするものではなかった。本意は土器のカタチに世界観、物語を表現しようとしていたのだ。数ある日常的な什器《じゅうき》の域を超えて、縄文人は自らの世界観、心情を吐露しているのである。縄文土器が名実共に縄文文化を代表するに相応《ふさわ》しい理由がここにある。

イギリス、ロンドンの大英博物館の日本ギャラリーに、縄文文化を代表、象徴するものとして火焰型土器と、その仲間4点を陳列しているのは、それだけの意味がある。縄文土器を縄文文化の所産としての意味の枠に閉じこめることなく、現代につながる日本文化発信の意思表現と見るからである。さらにその傍らに火焰型土器そっくりの現代造形、細野仁美作『羽根の葉の器』が置かれている。福岡伸一氏（生物学者）がこれに目をつけて脱帽している。まさに5000年前の縄文と現代との競演である。ニコル・ルマニエール女史の心にくい演出が鮮やかである。そしてあらためて火焰型土器が時空をも超えた〝永遠の現在〟に生きる証を目の当たりにするのである。

それだけでは終わらない。来る2020年、東京オリンピック・パラリンピックの聖火台のデザインに取り入れてはいかが、と提案しているところである。

さて、本書をまとめるに当たり、いつもながら多くの仲間に支えられた。とりわけ新潟県立歴史博物館の宮尾亨氏には、内容だけでなく必要なイラストなどのアイデアを惜しげもなく提供していただき、理解に便たらしめることもできた。そして徳間書店の橋上祐一氏の限度を超えるほどのご尽力を賜った。衷心より謝意を表すものである。

2018年4月

小林達雄

［著者紹介］
小林達雄（こばやし たつお）

國學院大學名誉教授。新潟県立歴史博物館名誉館長。

1937年新潟県生まれ。國學院大學大学院博士課程修了。博士（歴史学）。東京都教育庁文化課、文化庁文化財調査官を経て、國學院大學文学部助教授、同教授。2008年３月退官。縄文文化研究の第一人者。

著書に『縄文土器の研究』（小学館／学生社）、『縄文人の世界』（朝日選書）、『縄文人の文化力』（新書館）、『縄文人追跡』（日本経済新聞社／ちくま文庫）、『縄文の思考』（ちくま新書）、編著に『縄文土器大観』全４巻（小学館）、『総覧縄文土器』（アム・プロモーション）、『縄文文化の研究』全10巻（雄山閣出版）など多数。

縄文文化が日本人の未来を拓く

第一刷　2018年4月30日
第二刷　2018年8月15日

著　者　　小林達雄
発行者　　平野健一
発行所　　株式会社徳間書店
〒141-8202　東京都品川区上大崎3-1-1 目黒セントラルスクエア
電話　編集 03-5403-4344　販売 048-451-5960
振替　00140-0-44392
カバー印刷　近代美術株式会社
印刷製本　中央精版印刷株式会社

ISBN978-4-19-864595-3